核心素养培养视域下的中学物理教学研究

黄　泌　张芸芸◎著

天津出版传媒集团

天津科学技术出版社

图书在版编目(CIP)数据

核心素养培养视域下的中学物理教学研究 / 黄泌，张芸芸著.-- 天津：天津科学技术出版社，2023.5

ISBN 978-7-5742-1071-4

Ⅰ. ①核… Ⅱ. ①黄… ②张… Ⅲ. ①中学物理课－教学研究 Ⅳ. ①G633.72

中国国家版本馆 CIP 数据核字(2023)第 060858 号

核心素养培养视域下的中学物理教学研究

HEXIN SUYANG PEIYANG SHIYUXIA DE ZHONGXUE WULI JIAOXUE YANJIU

责任编辑：王　璐

出　　版：	天津出版传媒集团 天津科学技术出版社
地　　址：	天津市西康路 35 号
邮　　编：	300051
电　　话：	(022)23332399
网　　址：	www.tjkjcbs.com.cn
发　　行：	新华书店经销
印　　刷：	北京银祥印刷有限公司

开本 710×1000　1/16　印张 10.375　字数 200 000

2023 年 5 月第 1 版第 1 次印刷

定价：78.00 元

前言 PREFACE

　　教育部发布的《中国学生发展核心素养总体框架》中确立了育人的宏观目标。所谓"学生发展核心素养",是指学生应具备的、能够适应终身发展和社会发展需要的必备品格和关键能力。

　　物理核心素养是学生发展核心素养的一个具体体现。物理学作为一门基础自然科学,物理教学肩负着"提升学生综合素质,发展学生核心素养"的重任。《普通高中物理课程标准》明确指出,高中物理的课程目标是"进一步促进学生物理学科核心素养的养成和发展"。

　　在以培育"学生发展核心素养"为目标的大背景下,新一轮的课程改革、教学改革、高考改革正在全国迅速展开。如何全面有效地培育学生的物理核心素养是当前摆在中学物理教师面前的重大课题。该课题分为以下五个子课题。

　　(1)中学物理思维方法的培育研究。

　　(2)初中物理建模思想课例研究。

　　(3)以问题解决为导向的高中物理研讨式教学研究。

　　(4)拔尖学生物理科学思维素养的培育研究。

　　(5)物理研究性学习活动中培养科学探究能力的研究。

　　《核心素养培养视域下的中学物理教学研究》是"中学物理教学中培育学生物理核心素养的实践与研究"课题组的全体成员,将教学过程中潜心研究的成果和真实感悟系统地汇集起来,精心编辑而成的。本书为广大中学物理教师提供了宝贵的案例和经验,是一本集理论指导与经验感悟于一体的教学参考书,具有颇高的价值。本书的编写有三个特点。

（1）编者实力雄厚。本书的编者主要是中学物理名师工作室的教师，都是各中学的教学骨干。

（2）理论联系实际。本书涉及的问题都是中学物理教学中遇到的实际问题，既涵盖新授课、习题课、复习课，又涵盖常规教学、拔尖创新人才培养和研究性学习，本书是理论指导实践，再从实践升华为理论的成果。

（3）内容编排合理。本书既有理论指导，又有教学案例，还有教学感悟，能够很好地帮助教师开拓思维，转变观念，提高课堂教学效率，培养学生的物理核心素养。

本书非常适合各一线中学物理教师、学生、物理教学研究爱好者阅读，由于编者水平有限，时间仓促，书中的不足之处在所难免，欢迎读者提出宝贵的意见。

编　者

2023 年 1 月

目 录 CONTENTS

第一章　核心素养综述

第一节　核心素养的提出

一、核心素养国际研究

随着时代的变迁，人们的能力观在逐渐发展，基于传统基础教育目标而发展起来的能力标准的局限性也渐渐显现，传统的知识与技能目标已无法概括现在对学生学习结果的期待与要求。因此，基础的知识技能目标在各国的教育目标中逐渐发展成为"掌握核心内容、培养态度倾向、运用整合推理"或"知识、能力、态度情感"三者的整合统一。显然，传统的能力概念已经不再适用，无法代表新时代的教育目标，从而进一步催生了"素养"概念的产生。为了把握基础教育中"基础"这一着重点，素养中的"关键素养""核心素养"得以凸显。

"核心素养"这个概念舶来于西方，英文词是"key competencies"。"key"在英语中有"关键的""必不可少的"等含义。"competencies"也可以直译为"能力"，但从它所包含的内容看，译成"素养"更为恰当。简而言之，"核心素养"就是"关键素养"。

"核心素养"最早出现在经济合作与发展组织（organisation for economic co-operation and development，OECD，以下简称"经合组"），英国继续教育联盟（further education unit，FEU）是最早使用核心素养进行课程设计的组织，曾列出 100 多个关键能力。这些能力被描述为经验和素养（包含技能、知识和态度）的术语系列，对个体获得幸福生活和增加工作机会而言是必备的。这些核心素养被分成 10 个领域：个人和职业发展，工业、社会和环境研究，交往，社会技能，计算，科学和技术，信息技术，创新发展，操作技能，问题解决。

1992 年，澳大利亚梅耶委员会（mayer committee）致力于构建核心素养体系，在核心素养的内涵、构成、评价准则等方面的研究都取得了显著的成果。梅耶委员会认为，核心素养是指能以整合的方式将知识和技能应用于工作情境中的能力，是个体高效率地参与工作与融入社会所不可或缺的基本素养，并提出了七大核心素养分支：收集、分析和整理信息的能力，交流思想和信息的能力，计划与组织活动的能力，与他人合作的能力，运用数学方法与数学技术的能力，解决问题的能力，使用技术手段的能力。

到 21 世纪初，经济合作与发展组织（OECD）启动了"素养的界定与透选：理论和概念基础"项目（Seconder），它是一个标志性的举措。该项目研究制定的核心素养总体参照框架为世界各国建立本土化核心素养体系提供了重要的参考模型。Seconder 项目研究的起点是要搞清楚个人的成功生活和社会的良好运行需要什么样的素养，确定核心素养的过程则是通过明确社会和个人愿景，充分考虑文化背景和人口的多样性，构建理论模型和界定概念，通过协商，达成共识。该项目通过多学科的整合，归纳出"能互动地使用工具、能在异质社群中进行互动、能自律自主地行动"三方面的核心素养。

2006 年，欧洲联盟（european union）采用了欧盟议会（european parliament）和欧盟理事会（european council）提出的"终身学习核心素养"。该项目研究将核心素养的概念界定为，核心素养是一系列可移植的、具有多种功能的知识、技能和态度，是个体获得个人成就和自我发展、融入社会、胜任工作的必备素养，并且指出这些素养的培育应该在义务教育阶段完成，且成为终身教育的基础。在此基础上，欧盟提出终身学习八大核心素养，包括母语交往、外语交往、数学素养和基本的科学技术素养、信息素养、学会学习、社会和公民素养、主动和创新意识、文化意识和表达。

二、核心素养国内探索

国外关于核心素养的研究成果较为丰富，理论架构较为成熟。我国对核心素养的研究尚处于起步阶段，目前，关于核心素养的内涵尚未有一个精准定义。2016 年，林崇德课题组提出的"中国学生发展核心素养"是我国教育变革时期对人才质量标准的重新定位，也是教育发展赋予改革的重要使命。

从 20 世纪 80 年代开始，我国开始进行素质教育思想和实践的探索。随着素质教育的不断发展和完善，全面推进素质教育成了我国教育事业的一场深刻变革，其中课程改革是落实素质教育的重要途径。

1993 年 7 月，国务院颁发《中国教育改革与发展纲要》，明确指出中小学要从应试教育转向全面提高国民素质的轨道。1994 年 8 月，中共中央发布《关于进一步加强和改进学校德育工作的若干意见》，第一次正式使用"素质教育"的概念，我国的教育发展正式步入素质教育时代。

1996年6月，中共中央国务院印发的《关于深化教育改革，全面推进素质教育的决定》中提出："实施素质教育，就是全面贯彻党的教育方针，以提高国民素质为根本宗旨，以培养学生的创新精神和实践能力为重点。"在政府主导下，素质教育在全国范围内铺开实施，给学校课程设置、教学实践方式带来了较大的影响，也为新一轮基础教育课程改革奠定了基础。

2001年，教育部启动新一轮课程改革，以素质教育的宗旨与内涵为指导思想，进一步分析研究教育实践中存在的突出问题，旨在建立落实素质教育理念的教育课程体系，并以此为核心带动人才培养的一系列变革。《国家中长期教育改革和发展规划纲要(2010—2020年)》中将"坚持以人为本、推进素质教育"作为教育改革发展的战略主题，重点是面向全体学生，促进学生全面发展，着力提高学生服务国家和人民的社会责任感、勇于探索的创新精神和善于解决问题的实践能力；同时要坚持德育为先，坚持能力为重和坚持全面发展。

2014年4月，为了进一步提高国民综合素质，培养时代和社会发展所需的创新型人才，充分发挥课程在人才培养中的核心地位，国家教育部发布了《关于全面深化课程改革 落实立德树人根本任务的意见》((以下简称《意见》)，提出"研究制订学生发展核心素养体系和学业质量标准"，首次在我国教育领域官方文件中提出"核心素养"概念。《意见》明确要求："教育部将组织研究提出各学段学生发展核心素养体系，明确学生应具备的适应终身发展和社会发展需要的必备品格和关键能力，突出强调个人修养、社会关爱、家国情怀，更加注重自主发展、合作参与、创新实践。"此文件为全面推进课程改革提出了新要求、新指向，并从指导思想、基本原则、工作目标、主要任务给予了新指示。至此，我们迎来了素质教育与课程改革发展的新阶段，即核心素养的培育阶段。

2016年9月13日，北京师范大学林崇德教授牵头组织，由北京师范大学牵头，华南师范大学、河南大学、山东师范大学、辽宁师范大学共同承担的项目"我国基础教育和高等教育阶段学生核心素养总体框架研究"的研究成果，即《中国学生发展核心素养》正式发布。"学生发展核心素养"主要是指学生应具备的，能够适应终身发展和社会发展需要的必备品格和关键能力。核心素养是关于学生知识、技能、情感、态度、价值观等多方面的综合表现，是每一名学生获得成功生活、适应个人终身发展和社会发展都需要的、不可或缺的共同素养。《中国学生发展核心素养》体现了科学性、时代性和民族性的基本原则和培养"全面发展的人"的核心，它分为文化基础、自主发展、社会参与三个方面，综合表现为"人文

底蕴、科学精神、学会学习、健康生活、责任担当、实践创新"六大素养，具体
细化为国家认同等十八个基本要点。根据这一总体框架，可针对学生年龄特点进
一步提出各学段学生的具体表现要求。

2017 年 1 月 30 日，国务院印发了《国家教育事业发展"十三五"规划》。文件
中提出"全面落实立德树人根本任务"：①提升学生思想道德水平；②培养学生创
新创业精神与能力；③强化学生实践动手能力；④塑造学生强健体魄；⑤提高学
生文化修养；⑥增强学生生态文明素养；⑦提高学生综合国防素质。这 7 个方面
的能力和素养是国家对教育、对全体学生提出的最低要求，是核心素养在教育领
域落地的具体表现。

2018 年 3 月 28 日，北京师范大学中国教育创新研究院举行发布会，首次对
外发布《21 世纪核心素养 5C 模型研究报告(中文版)》。这份报告吸纳了中国学者
在相关领域的研究成果，并基于我国社会、经济、科技、教育发展需求，进一步
追问"打下中国根基、兼具国际视野"的人应该具备哪些素养，提出了"21 世纪核
心素养 5C 模型"。"21 世纪核心素养 5C 模型"包括文化理解与传承(culture compe-
tency)、审辩思维(critical thinking)、创新(creativity)、沟通(communication)、合作
(collaboration)。这 5 项素养的首字母均为 C，故称该模型为核心素养 5C 模型，
这些素养简称为 5C 素养。5C 素养每个方面又包括 3～4 个二级维度，如表 1-1
所示。

表 1-1　核心素养 5C 模型

一级维度	二级维度
文化理解与传承素养	文化理解
	文化认同
	文化践行
审辩思维素养	质疑批判
	分析论证
	综合生成
	反思评估
创新素养	创新人格
	创新思维
	创新实践

一级维度	二级维度
沟通素养	同理心
	倾听理解
	有效表达
合作素养	愿景认同
	责任分担
	协商共赢

五大素养既各有侧重，又相互关联。五大素养各有侧重表现为：文化理解与传承是核心，包含的价值取向对所有行为都具有导向作用；审辩思维与创新更多地表现为认知能力，审辩强调理性、符合逻辑；创新强调突破边界、打破常规；沟通与团队合作侧重反映个体的社会技能，沟通强调尊重、理解、共情，合作强调在实现共同目标的前提下做必要的坚持与妥协。五大素养相互关联表现为：文化理解与传承是核心，创新离不开审辩思维，沟通是合作的基础，良好的审辩能力能够提升沟通与合作的效率，有效的沟通与合作有助于实现更高质量的创新。

2018 年 9 月 10 日，在北京举行的全国教育大会中，深刻阐释了新时代教育思想：在党的坚强领导下，全面贯彻党的教育方针，坚持马克思主义指导地位，坚持中国特色社会主义教育发展道路，坚持社会主义办学方向，立足基本国情，遵循教育规律，坚持改革创新，以凝聚人心、完善人格、开发人力、培育人才、造福人民为工作目标，培养德智体美劳全面发展的社会主义建设者和接班人，加快推进教育现代化，建设教育强国，办好人民满意的教育。

要努力构建德智体美劳全面培养的教育体系，形成更高水平的人才培养体系。要把立德树人融入思想道德教育、文化知识教育、社会实践教育各环节，贯穿基础教育、职业教育、高等教育各领域，学科体系、教学体系、教材体系、管理体系要围绕这个目标来设计，教师要围绕这个目标来教，学生要围绕这个目标来学。要在坚定理想信念上下功夫；要在厚植爱国主义情怀上下功夫；要在加强品德修养上下功夫；要在增长知识、见识上下功夫；要在培养奋斗精神上下功夫；要在增强综合素质上下功夫；要全面加强和改进学校美育，坚持以美育人、以文化人，提高学生审美和人文素养；要在学生中弘扬劳动精神，教育引导学生崇尚劳动、尊重劳动，懂得劳动最光荣、劳动最崇高、劳动最伟大、劳动最美丽的道理。

由此可见，党和国家对社会主义建设者和接班人的素养都有极高的要求，作为教育工作者，我们必须认真贯彻党的教育方针，全面落实立德树人的根本任务，培养和提高学生的核心素养，最终实现中国特色社会主义教育思想的总要求。

第二节　核心素养的价值取向

一、未来人才核心素养

我们正处于一个不确定的时代，在这个复杂的时代里，一切都在变化和重塑着。人工智能的兴起、计算世界、新媒介生态、超级结构组织、全球互联网等在推动着未来社会发生巨变。未来社会发展具有的特征如下。一是知识获取更加方便。技术和智能机器人将逐步取代大量职位，职业日益碎片化或短期化，休闲时间增多，生活新需求多样化、高端化。二是知识融合愈加明显。创新能力、变革管理、国际视野、跨文化领导力等元素日益重要。在这种情况下，无论是家庭教育还是社会教育，都要为未来的学生准备这些发展理念和知识技能。三是未来社会(老龄化＋互联网＋机器人＋全球化)会催生很多新行业。老龄化是未来社会的重要特征，互联网是未来社会的典型标志，机器人将会加速全球化进程，这些特征会催生很多新的行业，包括精准化服务、健康和养老、新型供应链、新教育等。

面对未来社会的巨变，如何才能顺应趋势成为领跑者？在未来社会中，具有下列十种技能将变得非常重要：一是意义构建；二是社交智能；三是新颖和适应性思维；四是跨文化能力；五是计算思维；六是新媒体素养；七是跨学科能力；八是设计思维；九是认知负荷管理；十是虚拟协作。只要有价值都可以合作共享，未来的市场将通过资源共享形成一个共同体。因此，我们有理由认为，在未来人口中，10％的人将成为专业精英，他们可以给人类带来更多新发现和新发明；可能有 20％的人成为行业精英和业内领袖，这些人将引领未来的产业和行业发展。

随着知识经济全球化和信息社会的快速发展，传统的以知识为核心的人才素质结构已越来越难满足未来社会的发展需求。培养学生具有 21 世纪的核心技能是当今国际教育发展的重要趋势。那么，21 世纪的核心技能究竟是什么？不同的学者有不同的界定。哈佛大学教授 Fernado Reimers 认为，21 世纪的核心技能

包括认识技能、自我技能和人际技能三部分。联合国教科文组织（UNESCO）在
《2012 全民教育全球监测报告》中明确提出所有年轻人都需要具备：①基本技能，
主要指识字和计算能力；②可转移技能，包括解决问题的能力、有效地交流思想
和信息的能力、具有创新意识的能力、表现领导力和责任感的能力，以及展示创
业的能力；③技术和职业能力，即工作要求有特定的技术专业知识。

　　最有说服力的当属 2012 年经济合作与发展组织（OECD）发布的《为 21 世纪
培育教师提高学校领导力：来自世界的经验》的研究报告，该报告指出 21 世纪学
生必须掌握以下四方面十大核心技能：①思维方式，即创造性思维、批判性思
维、问题解决能力、决策和学习能力；②工作方式，即沟通和合作能力；③工作
工具，即信息技术和信息处理能力；④生活技能，即适应变化的生活和职业的基
本能力。其中，学习和创新能力处于 21 世纪学习技能的金字塔顶端，包含了创
造性和创新能力（creativity and innovation）、批判性思维和解决问题的能力（criti-
cal-thinking and problem-solving）、交流能力（communication）和合作能力（col-
laboration），这些能力称为"4CS"，被视为美国教育革新的核心任务。

　　综上所述，对中国未来人才的核心素养发展而言，"21 世纪核心素养 5C 模
型"是一个很好的导向。该模型倡导的"文化理解与传承、审辩思维、创新、沟
通、合作"素养更能体现中国学生应具有的适应终身发展和社会发展的品格和关
键能力，更能充分突出个人修养、社会关爱、家国情怀，更加注重自主发展、合
作参与、创新实践。

二、核心素养价值取向

　　党的十九大提出中国特色社会主义进入了新时代。什么是新时代背景下，我
国教育发展中最大的不平衡与不充分？改革开放 40 余年，中国成为世界第二大
经济体，人们摆脱了贫困，这其中普及的九年义务教育为提供有保障的国民基本
素质做出了重要贡献。面对过去，中国基础教育功不可没。但是，在从生活富裕
走向国力强盛的未来几十年，仅仅满足于读写算的国民素养教育是完全不能支撑
这一发展进程的。面对未来，中国基础教育肩负重任。

　　如何培养面向未来的公民并使其能够更好地适应 21 世纪的工作与生活？近
十几年来，21 世纪核心素养的教育与测评日益引起全球的关注，甚至成为许多
国家或地区制定教育政策、开展教育改革的参考。我国教育界对 21 世纪核心素
养教育的关注也日益升温，逐步实现从理念向实践的转化。2014 年，《教育部关
于全面深化课程改革落实立德树人根本任务的意见》指出，"研究制订学生发展核

心素养体系和学业质量标准"是着力推进的关键领域改革之一。2016 年，受教育部委托，著名心理学家、北京师范大学教授林崇德领衔研制的"中国学生发展核心素养"研究成果发布，引起教育界的广泛关注。《普通高中物理课程标准（2017年版）》将"核心素养"作为重要的育人目标，并要求在高中教材修订和教学实践中落实。在学术界，围绕核心素养展开的讨论非常热烈，各地教育部门与中小学校都纷纷开展基于核心素养的课程、教学、评价等相关探索。

我国核心素养提出的根本目的是落实我国的教育宗旨，就是要全面贯彻党的教育方针，大力弘扬中华优秀传统文化，把培育和践行社会主义核心价值观融入国民教育全过程，倡导富强、民主、文明、和谐，倡导自由、平等、公正、法治，倡导爱国、敬业、诚信、友善，提升国民综合素质。

综上所述，我们发现核心素养的内涵已经表现出较高的国际化趋势，且有共同的价值取向。

（一）适应社会发展与技术进步

教育通过培养人才来促进社会发展，社会的发展与进步也必然带来教育变革。因此，国家层面的教育决策要符合社会需求，体现时代发展对人才培养的要求。国际教育核心素养体系重点关注信息素养、科学技术素养、创新素养等内容，反映出知识经济时代的发展动态，体现出科学技术进步对人才素质的新要求。而我国核心素养的提出正是在国际趋势下，聚焦人才培养的创新模式，以顺应时代的要求，促使我们培养的人在创新精神、实践能力、社会责任感等方面都有显著提升。

（二）关注全面发展与终身发展

全面发展与终身发展是素质教育的根本宗旨，是各国制定核心素养的基本价值取向。国际组织及世界各国对核心素养的选取都涉及学生全面发展及终身发展所需要的知识、技能、态度和价值观等方面，如学会学习、语言交流能力、问题解决能力、合作能力、数学素养、表达能力等，这些素养关乎学生的自我发展、社会价值及个人竞争力，关乎适应现在及未来社会发展的素质。

（三）重视生活品质与生存质量

核心素养就像房屋的地基，地基的稳固程度决定了楼房的高度与坚韧度，而核心素养则对人的终身发展具有重要的导向作用，关乎个体的生活品质和生存质量。当前国际上的核心素养体系，除了生存必备的能力之外，还涉及文化意识、环境研究、个体职业发展、生活规划、管理与解决冲突等，涵盖学生的个人品质、文化素养和精神境界，影响着他们与社会、自然的相处和互动方式，也决定着其日常生活的品质，真正体现了以人为本的教育思想。

（四）反映个体需求与社会需要

在以人为本的时代，核心素养要反映个体发展的需要，为个体成功做准备。但是，个人的生存与发展不能脱离具体的社会环境。个人的核心素养应该适应我国社会发展对人的基本要求，促进21世纪的社会变迁与社会进步。核心素养框架的确定必须具有时代性与前瞻性，党的十八大提出了社会主义核心价值观，国家也提出了要加强"爱学习、爱劳动、爱祖国"的教育。从全球范围来看，国际组织、一些国家和地区在核心素养指标的选取上都反映了经济社会发展的最新要求，强调创新与创造力、信息素养、国际视野、沟通与交流、团队合作、社会参与及社会贡献、自我规划与管理等，这些指标内容虽不尽相同，但都是为了适应21世纪的挑战。从这个意义上看，核心素养是适应个人终身发展和社会发展所需要的"关键素养"，只有具备这些素养，学生才能成功地适应社会，在实现自我价值的同时促进社会的发展。

（五）强调基础培养与关键提升

学生生存与发展需要多种素养。但是，面对21世纪的挑战，这些素养的重要性并不是平列并重的，需要有优先顺序。创新能力、信息素养、合作能力、社会责任、交流技能等排在前列，这些素养事关个体能否更好地应对21世纪的挑战，事关国家发展和民族振兴。中国的国民素质和学生素质需要更新换代，核心素养为更新换代指明了方向。核心素养是跨学科的，高于学科知识；核心素养是综合性的，是对知识、能力、态度的综合与超越。

（六）体现全球化与未来要求

在全球化背景下，各国学生的核心素养的范围会有一定的共性，如对信息素养的要求。但因为国情的不同，特别是各国发展面临的关键问题不同，核心素养的厘定和培育也需要有内容差异和程度差异。就我国而言，创新精神这个核心素养必须被大力强调。中国教育最大的短板是所培养的学生创新能力不够，不能满足知识经济时代建设创新型国家的要求，不能适应国际竞争的要求。同时，我们认为，为了培养面向未来的创新型人才，必须具备21世纪需要的七个关键力，一是批判性思考与解决问题的能力；二是跨界合作与以身作则的领导力；三是灵活性与适应力；四是主动进取与开创精神；五是有效的口头与书面沟通能力；六是评估与分析信息的能力；七是好奇心与想象力。

三、核心素养新的认识

通过梳理国内外核心素养的研究成果，我们可以把核心素养简单界定为"为了适应 21 世纪的社会变革，人所应该具备的关键素养"。简而言之，核心素养即"21 世纪关键素养"，可以从思想基础、具体内容、培养途径三个维度来分析。

（一）核心素养的思想基础

核心素养的思想基础是"人的全面发展"，即学生经历教育后必须拥有怎样的基本素养和能力，成为怎样的人才。《国家中长期教育改革和发展规划纲要（2010—2020 年）》明确提出："坚持以人为本，推进素质教育是教育改革发展的战略主题，是贯彻党的教育方针的时代要求，核心是解决好培养什么人、怎样培养人的重大问题，重点是面向全体学生，促进学生全面发展，着力提高学生服务国家服务人民的社会责任感、勇于探索的创新精神和善于解决问题的实践能力。"

（二）核心素养的具体内容

核心素养的具体内容包括社会责任感、创新精神和解决问题的实践能力等。社会主义核心价值观对个人提出了"爱国、敬业、诚信、友善"的基本要求，这是我国公民素养的核心，因此，社会责任感应包含尊重、负责、正直、关爱、坚毅勇敢、和谐等；创新精神应包含好奇心与想象力、批判性思维能力、开创精神、主动进取态度等；解决问题能力应包含观察与体验、收集与评估信息、合作与沟通、实践探究与实证等。这些素养都是学生获得知识、习得能力、发展情感后相互融合的产物。

（三）核心素养的培养途径

核心素养的培养，可以通过"关注生活、引领生长、经验改造"的途径来实现。《国家中长期教育改革和发展规划纲要（2010—2020 年）》明确要"创新人才培养模式"，遵循教育规律和人才成长规律，深化教育教学改革，创新教育教学方法，探索多种培养方式，以适应国家和社会发展需要。注重学思结合，倡导启发式、探究式、讨论式、参与式教学，帮助学生学会学习；激发学生的好奇心，培养学生的兴趣爱好，营造独立思考、自由探索的良好环境，注重知行统一；坚持教育教学与生产劳动、社会实践相结合；注重因材施教，关注学生的不同特点和个性差异，发展每一个学生的优势潜能；推进分层教学、走班制、学分制、导师制等教学管理制度改革；健全公开、平等、竞争、择优的选拔方式，改进中学生升学推荐办法，创新研究生培养方法。

第三节 物理学科核心素养的内容

一、物理学科核心素养的内涵

学科核心素养作为学科素养的衍生词,其核心的含义就是最基本的最关键的,学科核心素养指学科素养之中应具备的最基本和最关键的素养。在对学科核心素养的结构理解上,不同学科之间是完全不同的,不同地区和国家之间对同一学科的学科核心素养的观念也不相同。物理学科核心素养就是核心素养在特定学科的具体化,具有鲜明的学科特点,是物理学科领域育人价值的集中体现。因学科核心素养的提出时间较晚,其结构上并未发生明显变化,世界上各国家和地区对其的解释都是根据当地的实际教育情况来定义的。比如,在欧洲部分地区,基础教育阶段并没有开设独立的物理课程,而是将物理学科涵盖在了科学这一门课程中,在该地区自然就没有物理学科核心素养,取而代之的是相关科学课程的学科核心素养。物理学科核心素养包含物理观念、科学思维、实验探究、科学态度和责任。

二、基于核心素养的物理教学一般环节

(一)自主先学

中学生的核心素养中,学会学习是六大核心素养之一,在物理课堂教学中,要培养学生优秀的自主学习能力,应把自觉学习放在最为重要的位置。在传授性物理教学为主的课堂过程中,通常都是教师上课教什么学生听什么,学生处于被动接受物理知识的状态,通常拥有良好习惯的学生会在课前开展简单的预习,但是学习效果较差。自主学习属于被动接受学习相互对应的学习模式,物理课堂的主体对象是学生。自主学习和简单的预习有着很大的差别,预习的对象属于新课内容。通常来讲,知识点都局限在课本之内,并且只有新课才开展预习,而对于复习课、习题课学生就不会去预习知识点。由于提供的教学内容比较少,学生的思维受到一定的限制,并且物理这门学科的书本知识较为简单,学生仅仅通过预习无法发现问题。自主学习能够让学生去勤于动手、乐于探索、主动参与,让学生具备较强的分析问题的能力、解决问题的能力、获取新的知识的能力、处理信息的能力、搜集信息的能力,能够在合作、交流过程中学到更多的知识。利用自主学习模式,学生能够逐渐培养学生自主学习的能力。自主学习对学生与教师有

更高的要求，依据不同类型的课题，教师需要提供不同类型的教学素材供学生去使用，充分拓宽学生的知识面。

规律课需要让教师把物理知识和科学前沿、实际生活相互联系起来，尽量选择丰富、合适的学习资料给学生，这样学生在学习之后就会意识到物理知识的实用性，提升学习物理的自主性与积极性。另外，学习资料的内容比课本的宽、难，能够激发学生的挑战、好胜心理，在学习过程中不断地发现问题，能够带着问题去进入物理课堂中，充分提升物理课堂教学效率与质量，从而对所学到的物理知识有较为透彻的理解和认知。每一个学生的学习能力与理解能力都是不同的，每一个学生的学习潜能与独立思考能力都是不同的，如果在学习过程中能够依靠自身的能力去解决问题，那么学习主体能够主动积极地选择探索信息，这样获取的知识也是更为牢固的，相应的，也能够培养学生优秀的逻辑性、抽象性思维能力。

习题课要求教师归纳出不同的题型，针对不同题型给出习题。学生先根据新课内容自己摸索着练习，在课堂中通过教师讲解和同学间的讨论来发现自己的问题，归纳出相应的方法，这样"一练一讲一讨论"的过程，学生能将知识认识得更加透彻。概括来说，学生自主先学的过程主要有如下益处：有利于学生形成物理观念。在预习过程中，学生尝试从物理学视角去解释自然现象、总结规律，在思索的过程中形成初步的物质、运动、相互作用与能量等观念，有利于学生形成科学思维。学生在自主学习的过程中，不是被教师牵着鼻子走，而是自己探索知识的生成过程，这样更容易产生和发现新的问题，驱使他们进一步探索新的思路和解决方式。学生有了问题意识和批判性思维，才更容易挖掘创新意识；有利于学生形成科学态度与责任。教师可以提供物理学史的素材，帮助学生了解物理规律的发展脉络，让学生体会科学家不断求真实事求是的科学精神；教师可以提供自然中的物理现象，让学生热爱自然；教师可以联系物理与人类发展的密切关系，让学生体会到自身的责任感，有利于学生提高课堂效率。学生在学习一堂课之前，应该明确学习任务，带着问题进课堂，能提升课堂专注力，有利于学生自我建构知识。学生的自主学习过程即是自我建构知识的过程，学生通过自主学习，对所学内容会有思考分析、总结、归纳，经过大脑有意识的加工，将所有知识融会贯通，进行升华，从而建立新的知识体系，有利于培养物理学科的学习兴趣。教师提供与物理知识关联的科学、人文、生活知识能让学生意识到物理不只是公式，还是有趣．有用的。而且主动的学习，可以让学生觉得是自己在主动获取知识，而不是被教师和家长强迫，有利于教师的职业成长。提供自主学习资料的过程，教师要付出大量时间和精力去阅读和思考学科相关的知识，这个过程是教师学习的过程。另外，学生通过自学发现的新问题，往往是教师没想到的，是对教师思维的一种挑战，教师在这过程中也得到了成长。

（二）提出问题

进行课堂教学的过程就是解决问题的过程。教师在进行课堂教学之前，要对这堂课需要解决的问题做到心中有数，如此才能够更好地引导学生高效率地解决问题。不同类型课题需要解决的问题也是不同的，获得问题的方式也是不同的。在习题课中，获得问题的途径包含两种：首先，从学生处获取知识，如学生做过的错误试题、学生错误与正确的典型技巧、思路、书写等；其次，从教师的教学经验中获取，如具备代表性的典型研究性案例、例题实验演示、内化联系预设练习，对这个环节的评价在于其资源的及时性、针对性、准确性。学生在进入课堂之前，需要清晰地明白此堂课需要学习的知识点，学生通过自主先学的过程能够发现问题、分析问题、提出自己的疑问，这一过程能够锻炼学生的理性思维。

一堂课的时间是非常有限的，教师要提炼经典问题抛给学生，也就是课堂的核心内容。依据物理课型的不同，教师抛给学生问题的方式也要不同，对于规律课，课堂教学的核心内容是引导学生，让学生得到规律的内容、理解规律的内涵与外延，就可以在课堂的开始预设问题情境，可以利用科技、生活的实例来积极地开展师生互动的问题探究，充分调动起学生学习的自主性与积极性，让学生清楚接下来合作讨论的任务。对于习题课，教师可以提前把问题抛给学生，也可以为学生展示前一天练习的出错处，针对学生的各种漏洞，提出相应的问题。提出问题的环节，帮助学生培养实验探究的核心素养，学生经过认真的预习，就能够发现问题，从而形成科学、合理的假设与猜想。

（三）合作讨论

在新课程标准下，教师要把学生作为课堂的主体地位，充分重视合作讨论环节，让每一个学生都能够以放松的心态投入到课堂讨论、交流中去，不会感到紧张与失败，也不会惧怕教师的权威，同学之间能够合作、互爱、互助、互勉，在民主平等的环境下能够激发每一个学生投入到课堂学习中的积极性。合作讨论的过程可以满足学生的个性化需求，学习能力比较强的学生可以带领学习能力较差的学生运用自身的先前知识，对搜集到的数据、观察到的现象、已有题型得出自己最终的结论，这是产生新知识、把新旧知识相互重组与整合的重要条件。学习能力比较差的学生也愿意向教师与其他学生表露自己不懂的知识点，并且积极地参与到讨论中去，提升整个班集体的学习水平。合作讨论能够让学生通过物理教学情境和学生的讨论来构建完整的物理知识体系，也拥有更多的独立探索、运用知识解决物理问题的机会，改变以往从教师那里被动地接受已经构建好的知识体系问题。合作讨论能够让学生学会多角度看待问题与独立思考，拥有优秀的思维能力。

在学生开展合作讨论之前，教师要做好充分的教学准备，主要包括：讨论合作的主题内容，教师要依据不同类型的课型来设定主题的差异性，可以合作一起完成实验、就某一个知识点展开讨论、讨论归纳某种题型的特定方法。小组合作讨论属于课堂的核心环节，在此环节中需要遵循四项原则：首先，优等生带动学困生原则。如果一个小组里面的组员都是学习能力比较强的学生，每一个学生都想要施展自己的才华，但课堂、任务的时间是有限的，每一个人的优势也无法充分发挥出来。如果一个小组成员都是学习能力比较差的学生，在遇到难题的时候会出现无从下手的情况，导致课堂教学效率较低。如果一个小组里面的组员强弱均匀，那么强者就能够充分发挥领导作用，而学习能力比较差的学生跟随着学习能力比较强的学生也可以提升自己，从而获得更多的课堂知识。其次，性格互补原则。一个小组里面需要有愿意沉着思考的学生，也需要愿意大胆和同学分享想法的人，这样外放与内敛就能够相互配合，从而顺利地完成小组里面的各项学习任务。再次，男女生的比例要适中原则。因为男生与女生的思维方式是不同的，只有女生与男生的人数比例比较协调，才能够充分起到互补的作用。最后，座位要安排合理原则。地理位置的恰当属于合作的前提，教师要充分考虑到这些细节问题。小组内，要划分责任心较强、性格较为外向、组织能力较强、成绩优秀的小组长，明确每一个成员的任务，如实验课中的记录、操作数据处理、误差分析、总结等任务分工。

让学生实行合作讨论存在较多的益处包括：帮助学生树立正确的物理观念；在小组成员讨论、各抒己见、辩论的过程中，能够潜移默化地帮助学生树立正确的能量观、运动观、物质观等；帮助学生形成科学思维，小组成员在合作讨论过程中，没有教师的权威，给予了学生足够的自由发挥空间，学生能够依据自身的学习经验去独立判断与思考，这样能够把自身的潜力充分发挥出来。在学生积极寻找有效问题解决方法、大胆常识的过程中，批判精神与创新精神获得了培养，小组成员能够根据已有的经验与知识实行科学推理与模型构建，对已有的实施开展分析综合与归纳总结。对不认同的观点开展质疑，从而得到科学、合理的结论；帮助学生形成实验探究意识，在规律课、实验课过程中，教师提供实验素材，学生可以依据自身的假设与猜想设计实验并且完成实验，获得相应的实验数据，对实验数据开展分析，解释实验现象，验证猜想；帮助学生形成科学态度和责任，因为个人的能力是有限的，在如今的社会发展中，在与人合作过程中就能够把多种资源整合到一起，从而获得更好的发展。这就要求学生在学习科学文化知识期间，能够培养较为优秀的合作能力与合作意识，这对学生来讲是终身受益的。小组合作讨论的过程，必须要求每一个小组成员都能够发挥自身作用，精诚合作，在思维碰撞过程中去完成任务，这样学生的合作能力会不断得到提升。随着社会的不断发展，越来越多的职业都需要合作，而开展良好合作的前提是进行流畅的语言交流。小组合作学习的过程中需要每一个组员都表达自身的观点去说服其他人，据理力争，从而更好地锻炼学生的语言表达能力。另外，小组合作学习还可以促进学生自主学习，学生们在合作讨论过程中有各自部分的学习任务，为了完成自身的学习内容，需要对学习资料展开深入的学习，对所给的问题进行深入的研究与思考，而在讨论环节过程中，每一个小组成员都需要各抒己见，把学习成果进行交流与汇总，并代表小组在全班进行展示，团队的力量激励学生搜集更多的知识，实现全方位的思考。

(四)成果展示

在传授教学为主的物理课堂中，通常都是教师给出相应的结论，让学生来给出小组合作讨论的结果，这种教学模式可以帮助学生形成物理观念。成果展示是规律与结论的呈现，也是之前环节的重要成果，学生最终用这些相互作用观能量观、运动观去解释自然现象，而且学生不仅仅要自己理解，还要能够让其他学生合适、明白地表达出来，这是一个物理观念深化的过程。不同小组在全班展示就有水平的高低，竞争的意识让学生团结合作，尽力拿出小组的成果，可以培养学生的综合能力。

在成果展示环节中，学生需要组织语言、克服心理的紧张，这是不断调整自我的过程。小组的每一个成员要不断突破自我，在一次次的展现过程中提升信心、语言表达等自我的综合能力，而这对教师的教学水平也提出较高要求，因为学生的反应不可能完全预设，教师不可能提前做好准备，只能根据学生的回答灵活处理，及时纠正学生的错误，对学生的展示给出恰当中肯的评价，这一过程也是教师素质提升的过程。

第四节　中学物理课程目标与物理学科核心素养

物理学是一门基础自然学科，研究自然界物质的基本结构、相互作用和运动规律。在物理学研究中形成的基本概念、基本规律、基本方法和精密技术，极大丰富了人类对物质世界的认识，推动了科学技术的创新，促进了人类文明的进步。在中学阶段开设物理课程，是对中学生实施科学教育的重要途径，是实现"立镕树人"育人目标的必然要求。

一、中学物理课程目标

课程是由一定的育人目标、特定的知识经验、预期的学习活动构成的教育方案，或者说是教育内容与活动方式的预期、设定和规范。目标性是课程的显著特征。实施中学物理教学，首先应该明确中学物理的课程目标。

1. 初中物理课程目标

初中物理课程作为科学教育的组成部分，以提高全体学生科学素养为目标。通过初中物理教学，应达到如下目标：①让学生学习终身发展必需的物理基础知识和方法，养成良好的思维习惯，在分析问题和解决问题时尝试运用科学知识和科学研究方法；②让学生经历科学探究过程，具有初步的科学探究能力，乐于参加与科学技术有关的活动，有运用研究方法的意识；③让学生保持探索科学的兴趣与热情，在认识自然的过程中获得成就感，能独立思考、敢于质疑、尊重事实、勇于创新；④让学生关心科学技术的发展，具有环境保护和可持续发展的意识，树立正确的世界观，有振兴中华、让科学服务于人类的使命感与责任感。

2. 高中物理课程目标

高中物理课程在初中物理课程的基础上，进一步提升学生的物理学科核心素养，为学生的终身发展奠定基础，促进人类科学事业的传承与社会的发展。通过高中物理课程的教学，应使学生达到如下目标：①形成物质观念、运动与相互作用观念、能量观念等，能用其解释自然现象和解决实际问题；②具有构建模型的意识和能力，能运用科学思维方法对相关问题进行科学推理，具有使用科学证据的意识和能力，具有批判性思维，追求科技创新；③具有科学探究意识，具有设计探究方案和获取实验证据的能力，能在观察和实验中发现问题、提出假设、处理信息、归纳结论，具有评估和反思的习惯；④能正确认识科学的本质，具有尊重他人、实事求是的态度，关心科技发展动态，认识科学、技术、社会、环境的关系，具有社会责任感。

二、学生发展核心素养

学生发展核心素养，是指学生应具备的、能够适应个人终身发展和社会发展需要的必备品格和关键能力。

学生发展核心素养的核心是培养全面发展的人，分为文化基础、自主发展、社会参与三个方面，表现为人文底蕴、科学精神、学会学习、健康生活、责任担当、实践创新六大素养，可具体细化为 18 个要点。

表 1-2　学生发展核心素养

学生发展核心素养			
核心	三个方面	六大素养	18 个要点
全面发展的人	文化基础	人文底蕴	人文积淀、人文情怀、审美情趣
		科学精神	理性思维、批判质疑、勇于探究
	自主发展	学会学习	乐学善学、勤于反思、信息意识
		健康生活	珍爱生命、健全人格、自我管理
	社会参与	责任担当	社会责任、国家认同、国际理解
		实践创新	劳动意识、问题解决、技术运用

文化基础，重在强调能习得人文、科学等各领域的知识和技能，掌握和运用人类优秀智慧成果，涵养内在精神，追求真善美的统一，发展成为有宽厚文化基础、有崇高精神追求的人。

自主发展，重在强调能有效管理自己的学习和生活，认识和发现自我价值，发掘自身潜力，有效应对复杂多变的环境，成就出彩人生，发展成为有明确人生方向、有高尚生活品质的人。

社会参与，重在强调能处理好自我与社会的关系，养成现代公民所必须遵守和履行的道德准则和行为规范，增强社会责任感，提升创新精神和实践能力，促进个人价值实现，推动社会发展进步，发展成为有理想信念、敢于担当的人。

三、物理学科核心素养

物理学科核心素养是学生在接受物理教育过程中逐步形成的适应个人终身发展和社会发展需要的正确价值观念、必备品格和关键能力，是学生通过物理学习内化的带有物理学科特征的品质，是学生学科素养的关键成分。

物理学科核心素养由物理观念、科学思维、科学探究、科学态度与责任四个方面组成。在这四个方面中，物理观念是基础素养，科学思维和科学探究是关键能力，科学态度与责任是必备品格。

1. 物理观念

物理观念是从物理学视角形成的关于物质、运动与相互作用、能量等的基本认识，是物理概念和规律在头脑中的提炼与升华，是从物理学视角解释自然现象和解决实际问题的基础。物理观念包括物质观念、运动观念、相互作用观念、能量观念等要素。

科学原理、科学方法、科学技术及其应用是学生发展的重要核心素养。在高中阶段，学生通过学习力学、热学、电磁学、光学、原子物理、相对论和量子论等基础知识，应初步知道物质的组成情况、物质的运动形式、物质是的作用规律、自然界能量的主要形式和转化规律，从而形成物质观念、运动观念、相互作用观念、能量观念，能用这些观念描述自然界的图景，从物理学的视角解释相关的自然现象和解决相关的实际问题。

2. 科学思维

科学思维是从物理学视角对客观事物的本质属性、内在规律及相互关系的认识方式，是基于经验事实建构理想模型的抽象与概括过程，是分析综合、推理论证等方法在科学领域的具体运用，是基于事实证据和科学推理对不同观点和结论提出质疑和批判，进行检验和修正，进而提出创造性见解的能力与品质。科学思维主要包括模型建构、科学推理、科学论证、质疑创新等要素。

从心理学看，思维是人对客观事物的间接反映，它反映出客观事物的一般性和规律性的联系和关系。思维的形式可分为抽象思维、形象思维、直觉思维三种。抽象思维是以科学概念、科学原理为素材，以科学判断、逻辑推理等形式，达到对客观事物的本质特征和内在联系的认识过程。形象思维是以直观形象、事物表象为素材，对事物表象进行感受、想象、判断，达到对客观事物本质特征的认识过程。直觉思维是以科学概念、事物表象为素材，运用已有的知识、表象、经验，不经逻辑推理迅速对客观事物做出猜想、判断或者感悟的认识过程。直觉思维是一种心理现象，在创造性思维活动中往往起着关键性的作用。

思维的方法包括分析与综合、抽象与概括、分类与比较、归纳与演绎、具体化与系统化，其中分析与综合是最基本的思维方法。

物理学是一门崇尚理性、注重逻辑推理的理论科学。通过物理学科的学习，学生应理解、感悟、内化物理学科的科学思维，能正确运用科学思维方法，从定性和定量两个方面进行科学推理、找出规律、形成结论，具有使用科学证据的意识和评估科学证据的能力，能运用证据对研究的问题进行描述、解释和预测；具有批判性的思维意识，能基于证据大胆质疑，从不同角度思考问题，追求科技创新。

3. 科学探究

科学探究是指基于观察和实验提出物理问题，形成猜想和假设，设计实验与制订方案，获取和处理信息，基于证据得出结论并做出解释，以及对实验探究过程和结果进行交流、评估、反思的能力。科学探究主要包括问题、证据、解释、交流等要素。

科学探究能力是一种综合能力。探究一个物理问题时，不仅要运用综合与分析、抽象与概括、分类与比较、归纳与演绎、具体化与系统化等科学思维方法，还要求探究者具有较强的思维能力、实践能力、组织能力、表达能力、想象能力和创新能力。

培养学生的探究能力是物理教师的一项重要任务。学生通过物理学科的学习，应具有科学探究意识，能在学习和日常生活中发现问题、提出合理猜测与假设；具有设计实验探究方案和获取证据的能力，能正确实施实验探究方案，使用各种科技手段和方法收集信息；具有分析论证的能力，会使用各种方法和手段分析、处理信息，描述、解释实验结果和变化趋势；具有合作与交流的意愿与能力，能准确表述、评估和反思实验探究过程与结果。

4. 科学态度与责任

科学态度与责任是指在认识科学本质，认识科学、技术、社会、环境(STSE)关系的基础上，逐渐形成的探索自然的内在动力，严谨认真、实事求是和持之以恒的科学态度，以及遵守道德规范、保护环境并推动可持续发展的责任感。科学态度与责任主要包括科学本质、科学态度、社会责任等要素。

通过物理学科的学习，学生应能对科学知识、科学研究、科学方法、科学精神、科学历史、科学价值具有正确的认识；具有学习和研究物理的好奇心与求知欲，能主动与他人合作，尊重他人，能基于证据和逻辑发表自己的见解，实事求是，追求创新，不迷信权威；关心国内外科技发展现状与趋势，了解物理研究和物理成果的应用应遵循社会道德规范，认识科学、技术、社会、环境的关系，具有热爱自然、保护环境、节约资源、促进可持续发展的责任感。

四、物理学科核心素养的培养

1. 通过课程建设来培养

教育的目的是育人。为实现培养目标而选择的教育内容及其进程的总和（包括各门学科和有目的、有计划的教育活动）就是课程。

贯彻党的教育方针，全面落实立德树人根本任务就是要提升学生思想道德水平、培养学生创新创业精神与能力、强化学生实践动手能力、塑造学生强健体魄、提升学生文化修养、增强学生生态文明素养、提高学生综合国防素质。党的教育方针、立德树人根本任务、四个方面的物理学科核心素养，要在区域内落地生根且开花结果，需要积极探索建立区域育人课程体系，强化生本课堂改革，推进实现区域育人目标。区域课程体系的设计是否科学，推进工作是否有效，需要建立一套完善的评估监测机制，引领、促进学校实现育人目标。

根据《普通高中课程方案》和《普通高中物理课程标准》的要求，要紧紧围绕"物理观念""科学思维""科学探究""科学态度与责任"四个物理学科核心素养开展课程建设。一是在区域生本课程体系建设的总要求下，建构科学的物理学科课程体系，落实物理学科核心素养的培养；二是结合高考改革要求和各学校实际，开设各具特色的利于培养物理核心素养的特色物理课程；三是针对学生生活化情境，创设学校校本活动课程，培养和提升学生物理学科核心素养。

2. 通过课堂教学来培养

物理学科核心素养的培养，课程目标的达成，主阵地在课堂教学，因此必须按照当前先进的课堂教学理念，对物理课堂教学进行深刻的变革。

物理课堂教学，特别要重视从传统物理教学到基于核心素养的物理教学的转变。

第一是从物理教学到物理教育。物理教学通常是以知识为线索展开的，这就容易导致教师把教学重点放在知识的讲授上，而忽视物理课程的育人功能。为了防止这种倾向，设计和开展教学时必须以物理核心素养为导向，将物理观念、科学思维、科学探究、科学态度与责任等要求，自始至终贯穿在教学活动之中，使物理教学过程成为学生核心素养的形成过程。

第二是从重学术形态到学术、教育形态并重。中学物理教学具有作为科学的物理和作为教育的物理两重性特征。相应地，物理知识也有两种形态，一种是外显的学术形态，另一种是内隐的教育形态。前者揭示的是知识的表层意义，即对物理世界的描述或解释；后者折射的是知识的深层意义，即蕴含在知识背后的思维方式和价值取向。

第三是从重结论应用到重科学思维过程。科学思维是物理核心素养，中学物理教学的任务之一是培养学生的科学思维能力。传统教学重结论应用，轻思维过程。例如，法拉第电磁感应定律的教学，很多教师只关注定律应用，而将电磁感应发现过程中的思维方法去掉，失去了提升学生核心素养的机会。

第四是创设问题情境能唤起认知思维，激发内驱力，使学生进入探索者角色，参与到学习活动之中。以学生已有的经验为基础引入相关的物理问题，可以唤起学生已有的知识与将要学习的知识间的联系，激发学生的学习兴趣。例如，讲到"时间"与"时刻"的区别、"路程"与"位移"的区别时，从上课、下课以及乘坐不同交通工具到同一地点这些非常生活化的例子出发，逐渐展开对这些问题的讨论。以生产中的实例来分析物理问题，尽量避免用抽象的分析来阐述问题，这样既便于学生学习、理解，同时也有利于培养学生理论联系实际的意识和能力。我们在教学中注意选取与所学内容密切相关的、典型的、学生感兴趣的素材，用生动活泼的语言展示物理概念和规律及其中的科学思想和方法，展示应用物理知识的情境，使学生对所学的内容有兴趣、有亲切感。

教育部《关于全面深化课程改革——落实立德树人根本任务的意见》中指出："自主、合作、探究的学习方式与启发、讨论、参与的教学方式不断推广。"因此，我们在课堂教学观念和组织形式上必须变革，积极推行学生自主、合作、探究的学习方式。在课堂教学中，一是要注重全体学生的发展，改变学科本位的观念；二是要引导学生从生活走向物理，从物理走向社会；三是要注重科学探究，提倡学习方式多样化；四是要注意学科渗透，关心科技发展。

3. 通过质量监测来导向

新课标增加了"学业质量"部分，明确了学业质量是对学生多方面发展状况的综合衡量；确立了新的质量观，改变了过去单纯看知识、技能的掌握程度的做法，引导教学更加关注育人目的；研制了学业质量标准，把学业质量划分为不同水平，可以帮助教师更好地把握教学要求，因材施教，也为考试评价提供了依据。中学物理学业质量标准是依据物理学科核心素养中的"物理观念""科学思维""科学探究""科学态度与责任"四个方面及其水平，结合课程内容的要求而制定的。

同时，为了全面贯彻党的教育方针，落实立德树人根本任务，检验学科核心素养的培养程度，我们每年在区域内所有中小学开展教育质量全面监测，充分发挥监测评估改进教师教学方式、推动学校发展、促进学生成长的功能，特别是监测评估对学生核心素养培养提升的导向功能。

第二章 物理观念

第一节 物理观念概述

一、物理观念

什么是物理观念呢？要理解物理观念，首先要明确什么是观念。哲学中对观念的认识是：它是指人们对客观事物的一切反映，即凡是人们对客观事物所形成的看法或认识也就是对客观事物的理性认识。对于每一门学科来说，其知识结构就是以一定的基本观念为构架，以相应的经验知识为依据的科学理论体系，在这一体系中，观念处于重要地位，它是科学理论的核心。因此，物理观念是指人们从物理学视角形成的关于物质、运动与相互作用、能量等的基本认识，是物理概念和规律在头脑中的提炼和升华。对于学生来说，物理观念就是学生对物理现象和过程的理性认识，即学习主体头脑中形成的物理概念、物理规律，是学生在反思体验和实践应用中，将蕴含于具体知识中的物理思想、观点、方法等抽象概括出来的观念性认识，是物理学科的研究对象、过程、方法和结果在学生头脑中整体的、概括的反映。

物理观念来源于具体物理知识，又不同于具体物理知识，是具体物理知识在学生头脑中的提炼与升华。中学物理课程中的核心概念及其所涵盖的具体知识充实、发展着物理基本观念的内涵，是形成物理观念的基础和源泉。

可以说，没有具体物理知识的深入学习就不会有物理观念的形成，物理观念借助于具体的物理知识由浅入深地揭示出来，是具体物理知识提炼升华的产物，同时物理观念对物理知识具有自上而下的引领作用，它赋予具体知识一定的能动性和灵活性。若缺乏物理基本观念的引领，物理知识就难以有效地迁移和应用，二者之间是相互依存、相互促进的。

物理观念随着物理科学的发展而发展。爱因斯坦指出："在建立一个物理学理论时，基本观念起了最主要的作用，物理书上充满了复杂的数学公式，但是所有的物理学理论都起源于思维与观念，而不是公式。"①由此可见，物理观念在物理学理论形成和发展中发挥着重要作用。

在物理学发展的历程中，经历了多次观念的演变。人类对宇宙的认识从地心说到日心说，再到宇宙无中心；从经典力学理论统一天地间所有机械运动规律到电磁场理论统一电、磁、光运动规律，再到四种相互作用力统一宇宙间的一切自然力；从绝对时空观到狭义相对论时空观，再到时空几何化的广义相对论时空观；从经典物理学的机械决定论和因果论到量子力学的概率描述和统计因果论……物理观念的更新记录着人类对客观世界认识发展的历史。

物理观念决定着学生对物理知识的深入理解和灵活应用，对学生的终身学习和发展将发挥重要的作用。学生能牢固地、准确地，哪怕只是定性地建立起基本的物理观念，应当是中学物理教学的第一目标。背诵或记忆某些具体的物理事实性知识，当然是有价值的，但是更重要的价值在于它们是物理观念及某些基本观念的载体。因此，中学物理教学必须超越对具体知识的学习，要以具体知识为载体，引导学生通过高水平的思维活动，形成物理基本观念，即从知识为本转向观念建构。

二、物理观念的内容

物理作为一门基础自然科学，它的基本特点是研究各种现象中的物理规律，包括物质的性质和运动规律。物理实验是物理科学研究的基本方法和途径，而科学地研究物质、应用规律，实现自然与社会的可持续、和谐发展则是物理科学的终极目的。基于物理学科的特点和研究视角，在长期的发展过程中，物理科学形成了认识自然世界的基本思想方法和处理问题的基本思维方式及其价值取向。概括起来，物理观念包括物质观念、运动和相互作用观念、能量观念及其应用等要素。这些基本观念不仅指导人们认识大自然、改造大自然，也促进着物理科学的发展。

物理观念不仅是实践发展的产物，更是抽象思维的结果。在学校教学中，这些物理基本观念主要来自两个方面：一方面来自学生对物理学科知识的反思概括，主要形成知识类的基本观念；另一方面来自学生对物理探究过程、学习方法的反思，主要形成方法类的基本观念。这两个方面的基本观念相互影响、共同作

---

① 曾志胜. 物理观念及其形成与发展的教学策略[J]. 物理通报，2016(11).

用构成物理基本观念这一有机整体。①

从内容来看，每一种物理观念都是对其所涵盖的事实、概念和原理等物理知识的高度概括和更全面的认识，都有其具体的含义。这些含义以语言的形式表达出来构成知识形态的物理观念，可将其称为"基本理解"，它把原本处于意识形态的物理观念从字面意义上揭示出来，是物理观念的具体表达。物理观念的内容主要包括以下几个方面。

（一）物质观念

世界是物质的，也就是说自然界、人类社会和人本身都是物质的，都是客观实在的具体形态。

无论是无机自然界的微观世界、宏观世界、宇观世界，还是有生命的生物界，都是先于人和人的意识而产生的，并客观地存在着。

天体的起源和演化理论证明，宇宙中的一切天体都是不依赖于意识而存在的物质客体，它们各有自己形成和发展的历史，根据现代科学对宇宙射线的研究，以及对陨石和从月球上取来的岩石的分析，证明了人类居住的地球和观察到的其他天体一样，都是由同类的化学元素（氢、氧、氮、碳、磷、钙、铁等）构成的。宇宙中的其他天体及周围的东西和地球一样都是物质的东西。

生命的起源和生物进化论证明，自然界中无机物和生命是统一的。生命是从无生命物质演化而来的，高级生物是由低级生物进化而来的。生命的基础是以蛋白质和核酸为主的生物大分子系统。现代复杂的生物界是由以前少数原生生物通过遗传和变异的交互作用，由于自然选择、适者生存，经过上亿年的漫长演化而逐渐形成的。

化学书里说物质世界是由分子、原子和离子等微观粒子构成的，而物理学不仅要告诉学生物质的宏观观念和微观观念，更重要的是告诉学生并非所有物质都可以看得见摸得着，比如电场、引力场等物质，它们既看不见也摸不着，却是大自然中客观存在的物质。这类物质并非实物，但依然具有和普通物质共通的属性。在这种观念的培养中，物理量的记忆就显得尤为重要，在每学习一个新物理量的时候，教师不仅要让学生知道物理量的定义和单位，更重要的是要让学生理解这个物理量的含义。例如，速度的定义是"单位时间内物体经过的位移"，单位是"m/s"，若学生理解了速度是描述物理运动快慢的物理量，则可以用自己的话说出它的定义，对"m/s"这个国际单位的理解也会更加深刻。

---

① 伍苗苗，张军朋. 高中物理能量观念的内涵、构成与认知层次[J]. 中学物理教学参考，2017(9).

物质是基于时间和空间的范畴，离开这个范畴来研究则毫无意义。中学物理学习不要求学生具有三维以上的时空观念，但是空间的三维性和时间的一维性则要求被理解。说起来不难，但是具体到物理学科中的学习时，常发现学生在单位使用上出现错误。例如，将体积的单位写成"平方米"，时间的单位写成"/s"等。从表面上看，这些错误是学生数学基础没过关，深层剖析，其实是物理观念没有深入到自身的世界观中，缺乏在物理层面上对时间和空间的思考。

(二)运动与相互作用观念

运动是标志宇宙间一切事物、现象和过程的变化的哲学范畴，具有最大的广泛性和普遍性。运动是物质的固有属性，是一切物质形态的存在方式。一方面，物质是运动的物质，没有不运动的物质；另一方面，运动是物质的运动，物质是运动的承担者，脱离物质的运动是根本不存在的，物质和运动是不可分割的。静止是物质运动的特殊状态，是暂时的、有条件的，因而是相对的。静止有两种形态，一是就机械运动而言，借助参照系，事物的空间位置表现出相对不变，即事物未发生机械运动；二是事物处于量变阶段，保持其质的稳定，表现出相对平衡的静止状态。运动的绝对性与静止的相对性是物质运动的两个属性，运动和静止是事物存在和发展的两种状态，二者同时存在。静止是认识区分事物的基础，运动打破静止使事物向前发展，没有运动就没有相对静止。运动和静止互相渗透，一切事物的运动都是"动中有静，静中有动"，二者在一定条件下能相互转化。

物理学的运动观说明，世界上一切物质都处于相对运动或相对静止状态，没有绝对的静止。运动观是相对容易被学生认识和理解的物理观念，对初学者要循序渐进地加以引导。理解相对运动才能理解相对速度、位移等物理量的计算，才能真正学懂运动学和动力学。除了宏观上运动的相对性这一观念外，中学物理更应让学生懂得分子的运动。"分子之间不停息地运动"应当被正确理解和解释。"运动"是一种现象，然而要形成一种观念，不仅要对宏观和微观上的物理现象加以分析，还要时刻运用动力学的基本思想来指导自己的方法论，最终形成"没有任何事物是绝对静止的、孤立存在的"或者"运动是绝对的，静止是相对的"等辩证哲学观点。

现代物理学界公认，世界存在四种基本的相互作用：引力相互作用、电磁相互作用、强相互作用、弱相互作用。自然界的万物都是由这四种相互作用构建起来的。在宏观世界里，能显示其作用的只有两种：引力和电磁力。在微观世界中，通过有效的科研试验与自然界粒子探索，人们已经发现了电磁力与强弱相互作用力的统一存在联系。2014 年 6 月陨落在中国的一颗陨石体中，科研人员经研究发现了自然界存在的四种基本相互作用力。

在中学物理学习阶段，相互作用观念表现为相互作用力的观念，其成立的条件是，一个物体对另一个物体施加了力，受力物体反过来也肯定会给施力物体施加一个力。这两个相互作用力表现为大小相等，方向相反，作用在两个不同的物体上，且作用在同一条直线上，简单概括为异物、等值、反向、共线。一对相互作用力必然是同时产生、同时消失的。

（三）能量观念

能量是物质运动转换的量度，是表征物理系统做功的本领的量度。世间万物是不断运动的，在物质的一切属性中，运动是最基本的属性，其他属性都是运动的具体表现。对应于物质的各种运动形式，能量也有各种不同的形式，它们可以通过一定的方式互相转换。

在机械运动中，能量表现为物体或体系整体的机械能，如动能、势能等。在热运动中，能量表现为系统的内能，它是系统内各分子无规则运动的动能、分子间相互作用的势能、原子和原子核内的能量的总和，但不包括系统整体运动的机械能。至于热运动能（热能），人们是通过它与机械能的相互转换而认识的。

空间属性是物质运动的广延性体现；时间属性是物质运动的持续性体现；引力属性是物质在运动过程中由于质量分布不均所引起的相互作用的体现；电磁属性是带电粒子在运动和变化过程中的外部表现等。物质的运动形式多种多样，每一个具体的物质运动形式存在相应的能量形式。

宏观物体的机械运动对应的能量形式是动能；分子运动对应的能量形式是热能；原子运动对应的能量形式是化学能；带电粒子的定向运动对应的能量形式是电能；光子运动对应的能量形式是光能。除此之外，还有风能、潮汐能等。当运动形式相同时，物体的运动特性可以用某些物理量或化学量来描述。物体的机械运动可以用速度、加速度、动量等物理量来描述；电流可以用电流强度、电压、电功率等物理量来描述。如果运动形式不相同，物质的运动特性唯一可以相互描述和比较的物理量就是能量，能量是一切运动着的物质的共同特性。

能量可以不用表现为物质、动能或是电磁能的方式而储存在一个系统中。当粒子在与其有相互作用的一个场中移动一段距离（需借一个外力来移动），此粒子移动到这个场的新的位置所需的能量便被储存了。当然粒子必须借由外力才能保持在新位置上，否则其所在的场会借推或者拉的方式让粒子回到原来的状态。这种借由粒子在力场中改变位置而储存的能量就称为位能（势能）。一个简单的例子就是在重力场中往上提升一个物体到某一高度所需要做的功就是位能（势能）。

能量守恒定律表明能量不会凭空产生，也不会凭空消失，只能从一种形式转换为另一种形式，而能的总量保持不变。任何形式的能量都可以转换成另一种形式。例如，当物体在力场中自由移动到不同的位置时，位能可以转换成动能。

物理学各个领域里有许多定律和法则，但它们的地位并不是平等的，而是有层次的。例如，力学中的胡克定律、热学中的物态方程、电学中的欧姆定律，都是经验性的，仅在一定的参量范围内对一定的物质或材料适用。这些是较低层次的定律。引领整个经典力学的是牛顿定律，引领整个电磁学的是麦克斯韦方程组，它们都是物理学领域中的基本规律，层次要高得多。超过了弹性限度，胡克定律不成立，牛顿定律仍有效；对于晶体管，欧姆定律不适用，麦克斯韦方程组仍成立。是否还有凌驾于这些基本规律之上的更高层次的法则？能量守恒观念就是这样的法则，由时空对称性导出的能量、动量、角动量等守恒定律，是跨越物理学各个领域的普遍法则。

上述基本观念是物理学科观念体系中最基础的，是深入认识物质的性质和运动规律以及形成更高层次物理学科观念的前提和基础。随着学生知识经验的丰富和认知水平的提高，他们对物理科学的认识在不断深化，因此形成的物理学科观念也在不断丰富、发展。同时，物理观念从学科的角度论证了辩证唯物主义关于物质世界存在、发展、变化的哲学判断，丰富并加深了学生对物质世界的认识，有利于培养学生科学的世界观和方法论。

物理观念在学生核心素养中主要对应文化修养中的科学技术与信息素养。物理观念在科学素养中主要表现为以下两方面：①学生通过学习物理，对物质观念、运动与相互作用观念、能量观念等的了解程度；②学生对物质规律、运动规律、相互作用规律、能量规律等研究过程和方法达到的理解和掌握程度。[①]

第二节　物理观念培养

一、培养策略

研究表明，观念是在精心组织和真实开展的活动中形成的。学生通过物理概念、物理规律等内容的学习及运用才能逐步形成物理观念。学习概念和规律是学生形成物理观念的有机组成部分。教学中，学生通过对物理概念和规律的逐步学

---

① 林崇德.21世纪学生发展核心素养研究[M].北京：北京师范大学出版社，2016.

习、系统反思和迁移应用，可促进物质观念、运动与相互作用观念和能量观念不断发展，并学会用这些观念解释自然现象，解决生产生活中的实际问题。

（一）融入物理学史，感知物理观念作用

融入物理学史，能够帮助师生从众多概念、规律、定律、公式中跳出来，以知识和技能为基础，研究真实、典型的科学过程，理解物理课程的教育价值。物理教学中，引用物理学史料，能使学生接受物理观念变革的洗礼，深刻领会物理学思想方法的真谛；阐述物理学的发展，能使学生理解物理学理论范式变革与物理观念转变的一致性，了解物理学中复杂的数学公式和定义等都只是物理观念的表达形式和演绎工具，物理观念才是先导的、本质的。

（二）加强知识学习，促进物理观念形成

基本物理观念源于具体的物理知识，但不等同于具体的物理知识。它不是具体知识的简单积累，而是对具体知识的概括提升，具有超越事实的持久价值和迁移价值。物理学中的核心概念及其涵盖的具体知识充实、发展着物理观念的内涵，是形成物理观念的基础和源泉。物理观念对物理知识具有自上而下的引领作用，能赋予具体知识一定的能动性和灵活性。若缺乏物理基本观念的引领，物理知识就难以有效地迁移和应用。可见，二者之间是相互依存、相互促进的。因此，加强物理知识的学习，能够促进物理观念的形成。

（三）亲历探究体验，实现物理观念内化

物理观念的形成是认知性的，更是体验性的。物理观念不能通过记忆物理知识自发形成，而需要学生在积极主动的探究活动中深刻理解和掌握有关的物理知识，并且在对知识的理解、应用中不断概括、提炼。教师需要抓住一些能有效形成物理观念的核心概念以及能形成这些核心概念的典型物理模型，充分调动学生的思维，使学生在积极主动的探究过程中深刻理解相关的知识，并且通过在具体情境中的迁移应用，不断提高头脑中知识的整体性和概括性水平，实现物理观念的内化。

二、培养方法

以物理课程理念审视物理教育，物理课程在重视科学知识积累的同时，还应重视学生主动参与知识探究的全过程，加强学生实践和实验能力的培养，强调科学方法和科学思维习惯的养成，促进学生物理观念的形成。基于这些认识，物理课程的设计应注重把培养学生的物理观念贯穿物理教学的全过程，探讨研究物理

观念培养的途径和方法。

《义务教育物理课程标准》指出："在义务教育阶段，物理课程不仅应该注重科学知识的传授和技能的训练，注重将物理科学的新成就及其对人类文明的影响等纳入课程，而且还应重视对学生终身学习愿望、科学探究能力、创新意识以及科学精神的培养。"《普通高中物理学科课程标准》则指出："高中物理课程旨在进一步提高学生的科学素养，从知识与技能，过程与方法，情感态度与价值观三个方面培养学生，为学生终身发展、应对现代社会和未来发展的挑战奠定基础。"无论是义务教育阶段还是普通高中阶段，物理学科强调的知识掌握、能力培养、方法训练、素养提升、精神塑造、兴趣培养等都需要在学生心中通过物理观念的形成和内化来体现，也需要将对物质观、运动观、相互作用观、能量观的了解、理解、掌握作为培养载体。因此，对学生物理观念的培养是物理教学的基本工作和具体工作。

（一）培养学生物理观念的途径

根据中学生的心理特点、认知水平以及物理观念的内涵可以知道，物理观念的形成并非是某段时间或某个方面的渗透就能达到，它是一项长期而艰巨的工程，只有在整个物理教育过程中渗透物理观念教育，才可能达到较为理想的效果。

1. 课堂是物理观念形成的关键场所

课堂是物理教育的关键场所。在这个场所里，教师重视物理观念培育的有机结合、渗透，会使学生自然而然地受到物理观念的陶冶，在潜移默化中接受这种培养。

第一，加强双基学习，让学生获得系统的物理学知识。知识的传授是物理教学最基本的任务。但是，传授怎样的知识值得讲究。应试教育注重考试的知识点，使学生走入死记硬背、做题套公式、套题型的"死胡同"。素质教育崇尚人的素质的全面发展，课堂教学需在物理学知识整体性和系统性的指导下传授知识，在学科思维方式上下功夫，要教会学生如何学。

第二，渗透科学史教育，了解物理知识的来源。物理学史是一部不断创新的历史。物理学史既蕴含物理学知识，也蕴含科学思维及科学方法，体现着科学态度和科学精神，是对学生进行全面科学教育的重要资料。物理学史包含了大量的科学思维形成和发展的案例，且内容与中学物理教材紧密相连，容易激发学生的学习兴趣。教师应认真设计，将物理学史穿插在教学中。不仅能使教学内容更加生动，也是培养学生物理观念的重要方法。

第三，学习生活中的物理知识。教师在课堂上应密切联系生活实际，注意身边的科学，如学生普遍对现代电子信息技术感兴趣，教师可以针对这一现象，有意识地讲述物理知识在电子信息技术中的重要作用等。教师应该经常提醒学生，科学就在你身边，以此来增强学生的物理观念。

2. 通过实验教学培养学生物理观念

在物理教学中，物理观念的教育要从物到理、识物讲理。物理实验的普遍性和实践性，决定了物理观念渗透的重要性。所以，各种物理实验中都应有计划地渗透物理观念的教育和培养。

物理实验可分为两种：一种是验证性实验，即用实验来验证理论；另一种是探索性实验，即用实验来探究未知的结论。验证性实验可用过程式教学方法，也就是让学生主动参与获取知识的过程。学生在实验过程中，了解实验的目的、实验步骤及其理论依据，观察现象差异，从而得出结论。学生通过实验学习科学研究方法，同时也能在实验中培养自己的科学态度和物理观念。

探索性实验能激发学生的好奇心和钻研精神。通过教师引导，学生利用正确的科学方法，采取有效的实验步骤，从实验中探究结论。探索性实验可以更好地让学生学习科学的探究方法，并促进思维和能力的发展，从而更好地提高他们的科学素养。

3. 综合实践活动是学生形成物理观念的重要途径

学生生活于现实世界和社会实践中，生活于自然中。综合实践活动倡导学生对自我、社会和自然之间内在联系的整体认识与体验，使学生获得亲身参与实践的积极体验和丰富经验，促进学生对自然的关爱和对社会、对自我的责任感。学生养成从自己的日常生活中主动地发现问题并独立地解决问题的态度和能力，发展实践能力及对知识的综合运用和创新能力，养成合作、分享、积极进取的科学品质。综合实践活动为学生开辟了一条物理知识学习与生活的世界交互作用、持续发展的渠道。

物理课程中有着丰富的综合实践活动资源，编入了大量的研究性学习课题。通过这些课题研究，教师引导学生按照科学研究的一般过程，运用调查、测量、文献资料搜集等手段，收集大量的研究资料或事实资料，采用实验、实证等研究方法，培养学生的物理观念。

4. 校本课程是学生形成物理观念的必要补充

结合学生、学校或地方的特定环境和资源特点，开发适合学校特点和学生实际的校本课程，是学生形成物理观念的必要补充。物理类的校本课程，从物理与生活、物理与人类、物理与环境、物理与军事、物理与航天、物理与信息等多个角度对学生进行物理科普知识的宣传和教育，使学生对物理学科的发展现状、未来前景有了一定的认识，对物理研究的观念、观点、态度、方法有进一步的了解，使学生的物理观念得到提升。

（二）培养学生物理观念的基本要点

物理教育不单指常规的物理教学，还包括各种与物理知识有关的活动。如科普宣传活动、科技发明与小制作、网络科技活动、研究性学习、社会调查、小论文、课外兴趣小组活动、物理游戏、物理故事会、物理讲座等。在物理教育过程中培养学生的物理观念除了要遵循一般的教学目标和教学原则外，还应突出以下几个方面。

1. 提高学生基础学习能力，促进物理观念持续提升

通过物理科学教育培养学生形成物理观念的同时，还要注意学生自身的学力水平及学习兴趣，以使更多的学生对物理产生兴趣。一门学科教学的目标大体有四个组成部分：①知识、理解；②技能；③思考力、判断力；④关系、动机、态度。前两部分为显性学习能力，后两部分为隐性学习能力。学习能力犹如冰山，浮出水面的仅仅是冰山一角，而更多的、隐匿在水面下的才是支撑浮出水面部分的基础。第四部分作为整体反映了一种学习能力观。物理观念的形成要依靠学习能力的支撑，在物理观念形成的同时，学习能力也得以进一步提升。因此，在物理教学中，教师要遵循课程教学目标实施教学，在学生形成物理观念的同时不断提升学生的学习能力。

2. 注重从科学的本质把握物理观念的内涵

人们通常从认识物理科学的狭义观出发，把物理科学教育仅仅理解为物理知识的传授，把物理观念仅仅理解为具有一定的科学知识。在我国的传统教育中，也把自然科学的基础知识与基本技能，即"双基"教育作为科学素养的唯一内涵。这种认识显然是有局限性的。倘若教师在科学教育中仅仅强调科学事实，那么学生就会认为科学是事实的堆积；倘若教师只强调科学的概念，那么学生就会以为科学是一连串概念的概括；倘若教师只强调科学的原理，那么学生就体验不到科学探究的过程和科学对自然现象的解释与预见功能。因此，我们的科学教育如果不能超越事实、概念与原理的局限，是难以促进学生物理观念的形成。

3. 突出科学探究，着力培养学生的科学探究能力

学生形成物理观念离不开科学的认识过程。科学过程的本质是探究，教育的重要目标是促进学生的发展。科学课程应当体现这两者的结合，突出科学探究的学习方式，注重创设学习科学的情境；为学生在教师的指导与帮助下自己动手、动脑，主动进行科学探究提供充分的条件和机会；使学生在科学探究的实践中，在感受、领悟和理解的学习过程中实现科学素养的培养目标，而不是被动地接受一些科学的结论。科学探究的学习过程能保持学生对自然的好奇心，激发他们的学习兴趣与求知欲，使他们体验探究过程的喜悦与艰辛，培养科学精神；能促进学生主动学习具有个体意义的科学知识与技能，习得科学探究的思维方式和方法；科学探究的学习过程还有利于学生更多地接触生活和社会，从而领悟科学、技术与社会的互动关系。教师应充分运用各种教学方式与策略，让学生将探究方式的学习与其他方式的学习结合起来，以获得最佳的学习效果。

物理观念的培育并非易事，而是一项长期而艰巨的工程。这不仅需要物理教师的努力，更需要所有的教育工作者相互协作、共同努力。在渗透物理观念教育过程中，物理教学应注重教学内容的有机融合，注意方法上的灵活性、形式上的多样性，全方位地提高学生的整体能力，为他们将来更好地服务于社会打下良好的基础。

（三）培养学生物理观念的注意事项

马克思主义哲学告诉我们：要全面地认识事物，把握事物的矛盾，既要在统一中把握对立，又要在对立中把握统一；既要全面看到每一事物中每一矛盾的两个方面，又要研究矛盾双方各自的特点。所以，教师在具体的教育实践中要注意适时适度、有的放矢。

1. 学生物理观念的培养亟待教师素养的提高

长期以来，教师把主要精力放在学科知识的教学方面，很少考虑对学生进行科学素质的培养，更谈不上培养学生良好的物理观念。因此，教师首先必须努力提高自身的科学素养，在知识结构上，除掌握本学科知识外，还需通晓社会科学、教育科学、思维科学等知识，从而实现开放式的教学模式，对学生进行物理观念培养。

2. 坚持正向引导，学习科学方法

自然界不同物质形态之间、不同运动形式之间呈现出的是一幅多样又统一的画面。各个系统之间通过物质、能量与信息的交换而发生相互作用，并且相互交织、渗透，为我们展示出一个瞬息万变、绚丽多彩、多样统一的面貌。

在科学教育中，要引导学生从纷繁复杂的自然现象中通过观察、分析去探究规律，认识它并学会应用它，而不是死记一个个定义、公式与定理。

3. 防止科学方法教育程式化

科学是一个具有可验证性、真理性和开放性的系统。由于人们认识的局限性，在一定历史条件下，人们所获得的关于自然界的科学知识只能是相对真理，只能在一定的条件下与范围内适用，如牛顿力学。随着客观条件的变化、人们认识能力的提高，科学知识会不断发展与进步，新的实验现象常常会对已有理论提出挑战，在物体做高速运动的情况下，牛顿力学由相对论力学来代替。因此，科学是一个开放的系统。在科学教育中必须重视科学实验与逻辑思维能力的培养，既要引导学生认真学习已有理论，又要防止学生把它视为永远不可逾越的认识顶峰，从而扼杀学生对科学进一步探索的向往。科学方法不是一成不变的，因此科学方法教学也不应程式化。

4. 在进行科学方法教学的同时，还应注重学生科学道德的培养

科学是理智的探索与追求；科学是实事求是的事业；创新是科学的生命，这就要求科学家必须在其个性、情感、态度等方面体现出求真、理性、务实与创新的科学精神，自觉接受科学道德的约束。基本的科学道德与一般的社会道德对现代合格公民来说，都是必不可少的，差别仅在程度与着重点不同。

因此，在教学中不应把科学精神与人文精神分开，而应统一起来和其他课程与教育环节一起，共同为提高学生的思想道德素质与社会责任感而努力。

5. 加强物理科学教育与社会、技术的联系

科学可以转化为技术，成为改造世界的物质力量。科学在促进社会物质文明和精神文明中的作用和科学自身的发展有赖于社会各方面的支持。科学的社会功能、科学与社会之间的互动关系，使我们清楚地看到科学不仅仅是科学家的事业，也是全社会的事业，每个公民都应当关注科学的发展。因此，我们在科学教育中，不应把科学与技术、社会分开，应防止科学教育脱离学生生活实际与社会实际。

第三节　物理观念培养案例及评析

将物理观念作为物理核心素养的第一个要素，是对物理知识目标进行的整合和提升，要求学生不仅要理解和掌握物理知识，也要将所学习的大量具体知识围绕学科核心概念整合内化，并在此基础上形成对物质世界的整体认识，即形成物理观念。

物理观念的形成既不可能是空中楼阁，也不可能通过记忆大量物理知识自发

形成。物理观念的形成需要学生在积极主动的探究活动中，深刻理解和掌握有关的物理知识、核心概念，在对知识的理解、应用中不断反思、概括、提炼。学生物理基本观念的形成需要两方面有机结合：一方面，从形成基本观念所需要的素材来看，必须有合适的、能有效形成物理基本观念的核心概念，以及能形成这些概念的典型物理知识；另一方面，从基本观念形成的过程来看，必须充分调动学生思维的积极性，使学生在积极主动的探究活动中，深刻理解相关的物理知识和核心概念，并通过在具体情境中的迁移应用，不断提高学生头脑中知识的整体性和概括性水平。

一、物质观念教学案例评析

（一）基本物质观念

物质由分子、原子或离子构成，这些粒子又由更小的粒子构成，如物质内部的原子由原子核和核外电子构成，原子核中又有质子和中子，在质子和中子中还有更小的微粒，如夸克等。

案例一："物体是由大量分子组成的"（片段）

导入新课

古代人类对物质组成的思考。①公元前 5 世纪，古希腊哲学家留基波和他学生的争论：把一块金子切成两半，接着再把其今一半金子再切成两半，这样继续下去，能分割到什么程度。要么这种分割能够永远继续下去；要么有一个限度，不能进一步分割了。也就是说，物质要么是连续的，可以无限分割下去；要么是由不可分割的粒子构成的。在他们看来，第一种说法是荒谬的，因此，他们的结论是：物质是由小得不被察觉的粒子（即原子）构成；②我国古代的一种说法："一尺之捶，日取其半，万世不竭。"古代的人们对物质组成的认识更多的是体现了一种哲学思想。而在今天，我们的认识则更多的是建立在严密的实验基础上。

利用多媒体逐张播放一片树时被不断放大的图片，图片放大 6 倍时，可以看到清晰的叶脉；放大 20 000 倍时，可以看到它是由细胞组成的；放大到 50 000 000 倍时，就可以看到它的分子结构了。提示学生想象一张光盘、一片陶瓷或一块布片被不断放大的情景。展示扫描隧道显微镜下的硅片表面原子的图像。

点评：本节课回顾了古代人类对物质的思考，采用多媒体教学手段，通过丰富的图片比较和展示，让学生对分子的大小有一个感性的认识；同时采用实验操作和分析方法，有助于学生理解和掌握，帮助学生树立物质的微粒性观念。

(二)物质无限可分观念

在古代，就已经产生了物质无限可分的观念，如"一尺之捶，日取其半，万世不竭"，但这只是一种抽象的观念，缺乏科学依据。近代的物理学证明了这种说法，如原子可分为原子核和电子，而原子核又可分为质子和中子，质子又由夸克组成，但在遇到夸克幽禁的困难后发现这种无限可分的观念是有条件的。因而又提出另外一种假说，即物质是有限可分的。在现代物理学研究中，只有将两种假说结合在一起才能真正接近物理学真理。

案例二："原子结构"(片段)

1. 创设情境，激发兴趣

上课前先请同学们观看我国第一颗原子弹爆炸的相关图片，接着老师描述原子弹的强大威力，并告诉学生原子弹具有如此强大的威力与原子的内部结构有着密切的关系，之后向学生提问：原子的内部到底隐藏着什么奥秘？这样的导课方式开阔了学生的视野，激发了学生的探究欲望，从而顺利进入教学过程阶段二。

2. 活动探究，得出新知

活动探究一：原子的构成

先向学生简单介绍原子结构模型建立的发展历史。19世纪初，英国科学家道尔顿提出原于是一个"坚硬的实心小球"。大约100年后汤姆生发现了电子，并在7年之后提出了原子的"枣糕模型"，红枣代表电子，面包代表原子，红枣镶嵌在面包的表面。又过了7年，汤姆生的学生卢瑟福根据他的实验结果，提出了原子的"核式结构模型"。运用这些生动的图片及动画，帮助学生在头脑中建立起原子的立体模型，使学生知道原子由原子核和核外电子构成，原子核由质子和中子构成。模型建立起来之后，通过图片的对比，让学生了解原子的体积很小，原子核的体积相对于原子更小，就如同一颗樱桃和十层大楼相比。接着演示原子的动态图片，让学生明白这就是现在的原子结构模型，同时引导学生仔细观察，得出结论：质子带一个单位正电荷，核外电子带一个单位负电荷。

借助图片和动画，使抽象的事物形象化、具体化，帮助学生理解，加深学生记忆，从而突破难点。

点评：本节课采用引导探究法，重视知识的获得，同时关注学生获取知识的过程。通过演示原子结构的图片及动画，提高学生的学习兴趣，同时发展学生的观察能力和抽象思维能力。采用分析归纳法，通过分析图中的有关数据得出质子数＝核外电子数，在此过程中提高学生归纳信息的能力，帮助学生树立物质无限可分的观念。

（三）宏观物质和微观物质的观念

宏观物质和微观物质遵循不同的运动规律及形式。例如，牛顿力学适用于宏观物质，不适用于微观物质；微观物质所处的世界中，某些物理量不是连续分布而是量子化的，需用量子力学分析。宏观物质的世界中，位置和动量是确定的；而微观物质的世界中，位置和动量是不确定的，因此在研究微观物质时，需采用统计物理学的方法。

案例三：“粒子波动性”（片段）

1. 创设情境，导入新课

回顾科学家对光本质的认识历程，引入新课。从牛顿粒子说与惠豆斯波动说之争，到麦克斯韦、普朗克和爱因斯坦对光的进一步认识。在新的事实与理论面前，提出光既具有波动性，又具有粒子性，即光具有波粒二象性（用多媒体展示）。

2. 任务实施，达成目标

教师指导学生在理解光的波粒二条性的基础上，解释两个公式中左侧是粒子性，右侧是波动性，它们通过普朗克常量 h 联系。可见，光的波动性与拉子性并不矛盾。光的波动性和粒子性是一对矛盾的两个方面，彼此含有对方的成分，共存于光的统一体中。

3. 对物质波动的深入探究（重点内容）

通过设疑提出：既然作为电磁波的光具有粒子性，那么实物粒子是否也具有波动性呢？以此引出物理学家德布罗意，并归纳德布罗高波和德布罗意关系式。创设“子弹波”和“电子波”归纳情境，提出问题：德布罗意假设正确吗？从而激发学生的学习兴趣，引导他们来验证它。接下来，引导学生估计奔跑的运动员波长，只让学生估计体重和百米速度。其目的是考查学生的生活常识而非考查是否会计算德布罗意波长。

进一步设疑：如何来做这个实验呢？用什么实物粒子最适合呢？采用师生互动的方式，引出戴维孙和汤姆生分别利用电子束做实验得到了明显的衍射图样，从而证实电子的波动性。

点评：由于光的波动性、粒子性知识比较分散，本节课通过回顾科学家对光本质的认识历程，由光到粒子并到实物都具有波粒二象性为线索进行展开，通过学习科学家研究的历程来激发学生学习物理的兴趣。同时由于本节内容较为抽象，无法利用实验直接进行探究，所以教学过程选择了自主教学与理论探究相结合的方法。通过对物理学史的学习了解到人类直接经验的局限性，人类对世界的探究是不断深入的，加入辨证的思想，帮助学生树立物质波粒二象性及统计的观念。

（四）场的观念

19世纪30年代，法拉第提出一种观点，他认为在电荷的周围存在由它产生的电场。近代物理学的理论和实验验证并发展了法拉第的观点。电场以及磁场已被证明是现实存在并互相联系的，统称为电磁场。场和分子、原子组成的实物一样具有能量和动量，场与实物是物质存在的不同形式。场充满整个宇宙，是一种客观物质。

案例四："电磁波"片段

老师现场使用手机的各种功能，引导学生思考：手机离移动公司N5B服务器很远，是靠什么传递信息的呢？

进而说明可以用电磁波实现信息的传递。小到遥控玩具，大到宇宙飞船都是用电磁波来进行操控的。

电磁波的历史回顾

教师首先向学生介绍麦克斯韦的生平，激发学生的好奇心和求知欲。麦克斯韦是英国的理论物理学家、数学家。1831年6月13日生于英国爱丁堡。他的父亲是一名科学家，他从小就受到科学的熏陶。15岁时他向爱丁堡皇家学会递交了一份数学论文，被发表在《爱丁堡皇家学会学报》上，第一次显露出他出众的才华。1847年，麦克斯韦考入爱丁堡大学学习数学和物理学，1850年转入剑桥大学，1854年毕业后留校工作，1856—1865年，先后在阿伯丁大学和伦敦皇家学院任教。1871年，麦克斯韦任剑桥大学物理实验室主任。1874年，他主持建立的卡文迪许实验室竣工，任该实验室首任主任。1879年11月5日，麦克斯韦在剑桥去世。

麦克斯韦在电磁场理论方面的工作深受法拉第的影响。他信服法拉第的思想，决心为法拉第的场的概念提供数学方法的基础。尤其是他在伦敦皇家学院任教期间有机会拜访了法拉第以后，更加强了他的这种信念。年轻的麦克斯韦以他卓越的数学才能和严密的逻辑推理，对法拉第直观形象的电磁场理论加以高度概括，并总结了当时电磁学的研究成果，建立了电磁场方程，确立了电磁场理论。

1. 变化的磁场产生电场演示实验

设计螺线管串联小灯泡装置(图2-1)，当穿过螺线管的磁场随时间变化时，上面的线圈中产生感应电动势，引起感应电流使灯泡发光。

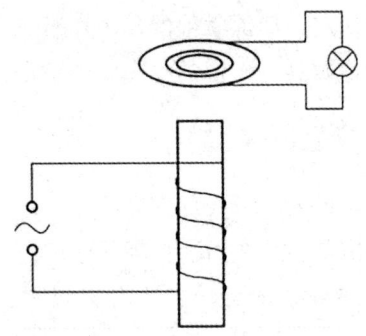

图 2-1　螺线管串联小灯泡装置

　　麦克斯韦认为线圈只不过是用来显示电场的存在。没有线圈时，变化的磁场同样在周围空间产生电场。这是一个普遍规律，跟闭合电路是否存在无关(图 2-2)。

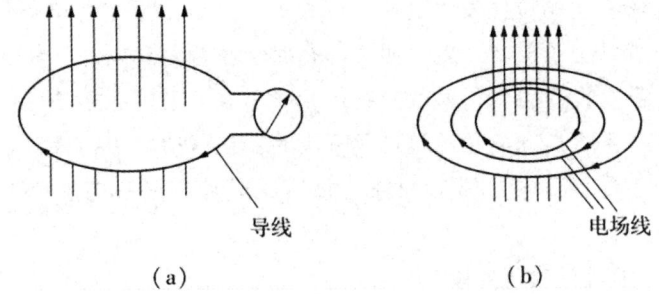

（a）　　　　　　　　　（b）

图 2-2　线圈与磁场关系分析图

　　2. 变化的电场产生磁场

　　麦克斯韦根据电现象与磁现象的相似性和变化纳磁场能产生电场的现象，提出了另一个大胆的假设：变化的电场也能产生磁场。

　　总结上述两个结论，麦克斯韦认为：变化的电场和磁场是互相联系的，形成一个统一的电磁场。

　　麦克斯韦根据自己的理论进一步推断，如果在空间某区域中有周期性变化的电场，那么，这个变化的电场就在它周围空间产生周期性变化的磁场，这个变化的磁场又在它周围空间产生新的周期性变化的电场。可见，变化的电场和变化的磁场是相互联系的，形成了一个不可分离的统一体，这就是电磁场。电场和磁场只是这个统一的电磁场的两种具体表现。这种变化的电场和变化的磁场总是交替产生，并且由发生的区域向周围空间传播。于是一个伟大的预言诞生了，即空间可能存在电磁波。

　　点评：本节内容抽象性强，对学生观察、归纳、理解能力的要求都较高，需要通过一些活动让学生去理解所学知识。通过现在非常普及的手机来引入电磁波，再通过多个实验进行证实，加深学生的印象，帮助学生理解"场"也是一种物质存在的形式，使其树立物质具有不同的存在形式的观念。

二、运动相对性教学案例评价

远到宇宙深处，近至咫尺之间；大到广袤苍穹，小到微观粒子，都在永不停息地运动，绝对静止的物体是不存在的。物理学研究物质存在的基本形式，以及它们的性质和运动规律。物理中的运动主要有宏观物体的机械运动，如直线运动、曲线运动、平抛运动、圆周运动、导体棒在磁场中的运动、带电粒子在电磁场中的运动等。微观粒子的运动主要是分子无规则的热运动。

（一）运动的相对性观念

物体与物体之间的位置发生变化，称为机械运动，简称运动。如果物体相对于参考系的位置发生了改变，就表明物体相对于参考系在运动；如果物体相对于参考系的位置没有发生改变，就表明物体相对于参考系是静止的。同一个物体相对于不同的参考系，运动的状态是可以不同的。在运动学中，参考系的选择可以随研究对象的不同而不同。研究和描述物体的运动，只有在选定参考系后才能进行。

案例五："相对运动"（片段）

1. 创设情境，引入新课

教师让学生观察图片或用多媒体播放生活中一些运动的物体，之后提问：生活中还有哪些物体是运动的？哪些物体是静止的？一定是静止的吗？

学生根据老师提问进行思考并举例。

2. 新课讲授

首先让学生看书中展示的各种运动，再结合视频，让学生明白运动是宇宙中的普遍现象。进行提问：在足球场上进行比赛，场上哪些物体是运动的？哪些物体是静止的？运动的物体相对于地面的位置是否在改变？静止的物体是绝对不动的吗？通过对以上问题的讨论使学生认识到静止和运动的相对性。进而使学生可以认识到机械运动实质上是"物体位置的变化"，引出机械运动、参照物的概念。

引导学生讨论"想想议议"中两列火车并排在站台上的例子，从而指出所选的标准不同，判断物体运动或静止的结果不同。可以通过活动来加深这一认识，让学生完成以下实验：把教材平放在桌子上，教材上放一个铅笔盒，推动教材使它沿桌面缓缓移动，让学生回答：选取桌子作标准，铅笔盒和教材是运动的还是静止的？选取教材作标准，铅笔盒和桌子是运动的还是静止的？选取铅笔富作标准，桌子和教材是运动的还是静止的？

点评：通过参考系的学习，让学生知道从不同角度研究问题的方法。学生从常见现象和已有的生活经验出发，体验不同参考系中运动的相对性，揭示参考系在确定动时客观存在的必要性和合理性，促使学生形成勤于观察、勤于思考的习惯，自主获取知识的能力，帮助学生树立运动的相对性观念。

（二）运动的矢量性观念

描述运动的物理量如位移、速度、加速度等矢量用平行四边形定则。运动的合成与分解遵循如下原理：一是独立性原理，构成一个合运动的几个分运动是彼此独立、互不相干的，物体的任意一个分运动都按其自身规律进行，不会因有其他分运动的存在而发生改变；二是等时性原理，合运动是同一物体在同一时间内完成几个分运动的结果，对同一物体同时参与的几个分运动进行合成才有意义；三是矢量性原理，描述运动状态的位移、速度、加速度等物理量都是矢量，对运动进行合成与分解时应按矢量法则，即平行四边形。

案例六："运动的合成与分解"（片段）

创设情境，引入新课

用多媒体课件模拟演示：小船过河。教师设置三个依次递进的情境：在静水中，船头垂直河岸运动；无动力的船在流动的河水中运动；在流动的河水中，船头垂直河岸运动。引导学生观察并提出问题：三种情境中小船做的运动是什么运动？要建立什么坐标系才能研究？什么是合运动？什么是分运动？合运动与分运动有什么关系？师生讨论，通过探究解决以下问题。

1. 处理合运动的数学方法

首先，指出物体在一条直线上运动时，可以沿这条直线建立一维坐标系，并分析归纳描述一维运动的数学方法。接着，利用小船过河图片，指出研究物体在一个平面上运动时，可以建立一个平面直角坐标系，并分析归纳描述二维运动的数学方法。

设计意图：这个环节主要是通过旧知识的复习来引入一个新的情境，让学生突破直线运动一维思想的束缚，学会建立一个平面直角坐标系来描述类似小船过河等比较复杂的运动。学生在复习旧知识的同时获得学习新知识的能力，这样，平面直角坐标系的引入就会让学生容易接受。

2. 区分合运动和分运动

第二个问题主要是引导学生对小船过河的三种情境进行分析，在这个过程中适当地进行讲解，让学生分小组讨论得出合运动和分运动的含义，并进行判断。

引导学生分析小船过河问题：①假如河水不流动而船在静水中沿直线方向行驶，经过一段时间，小船位置的变化；②假如船的发动机没有开动，而河水流动，那么经过相同一段时间，小船位置的变化；③船在流动的河水中开动，同时参与上述两个运动，经过相同时间，小船位置的变化。

学生在纸上画出小船运动的轨迹图，然后小组讨论，总结得出合运动和分运动的含义，即如果一个物体同时参与两个运动，则这两个运动称为分运动，物体实际的运动称为合运动。

设计意图：这一环节主要是引导学生去自主探究，提供小船过河这个比较贴近生活的情境，学生比较熟悉，同时又能激发学生的兴趣。接着，老师对小船过河的三种情境进行分析，目的是帮助学生理解，引导学生分析讨论。最后由学生得出结论。这样充分地体现了学生的主体性，老师只起引导者的作用。

3. 合运动与分运动的关系

1)合运动与分运动的矢量性。

(1)提供合运动与分运动装置(图2-3)。

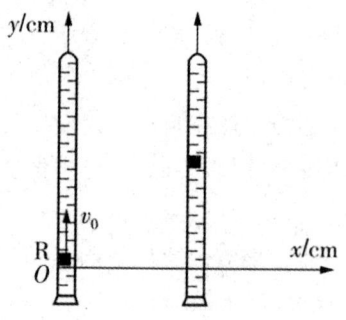

图 2-3　合运动与分运动装置

(2)学生实验：在一端封闭、长约1m的玻璃管内注满清水，水中放一个红蜡做的小圆柱体R，将玻璃管的开口端用胶塞塞紧，并用大头针将蜡块与胶塞固定。以蜡块开始运动的位置为原点建立平面直角坐标系。保持蜡块与玻璃管的相对位置不变，将玻璃管沿x轴正向匀速移动，描绘蜡块的运动轨迹x。保持玻璃管不动，拔出大头针，使蜡块沿玻璃管匀速沿y轴正方向移动相同时间，描绘蜡块的运动轨迹y。使蜡块和玻璃管保持原有速度同时沿x，y坐标轴匀速运动相同时间，描绘蜡块的运动轨迹s。

(3)引导学生分析。蜡块的实际运动轨迹是合运动，x轴方向运动轨迹和y轴方向运动轨迹是分运动。以x轴方向运动和y轴方向运动为邻边作平行四边形，其所夹的对角线的大小和方向与蜡块R的实际运动轨迹重合，表明分位移、台位移的关系遵循平行四边形定则。

2)分运动的独立性。

(1)提供实验装置(图 2-4)。

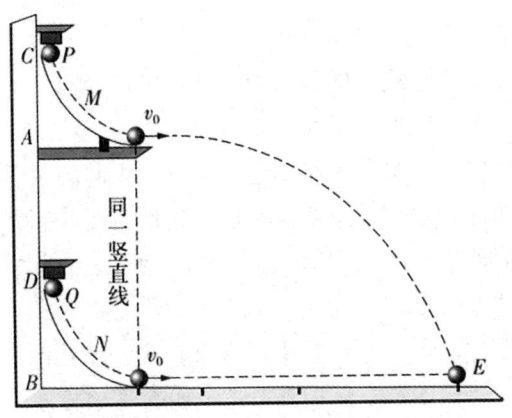

图 2-4 分运动的独立性实验装置

(2)引导学生分析改变小球 P 的高度,两小球仍然发生碰撞,说明两个小球在竖直方向距离的变化虽然改变两球相遇时小球 P 在竖直方向速度分量的大小,但并不改变小球 P 在水平方向速度分量的大小,也就是说小球在竖直方向的运动并不影响它在水平方向的运动,即物体的两个分运动是独立的。

(3)学生实验。两个相同的弧形轨道 M,N,分别用于发射小铁球 P,Q,两轨道上端分别装有电磁铁 C,D,调节电磁铁 C,D 的高度,使 $AC=BD$,从而保证小铁球 P,Q 在轨道出口处的水平初速度 v_0 相等。将小铁球 P,Q 分别吸在电磁铁 C,D 上,然后切断电源,使两小铁球以相同的初速度 v_0 同时分别从轨道 M,N 的下端射出。实验结果是两小铁球同时到达位置处,发生碰撞。增加或者减小轨道 M 的高度,再进行实验,结果两小铁球总是发生碰撞。

点评:通过本节的学习研究,使学生学会如何用平面坐标系和图解法描述曲线运动,如何通过运动的合成与分解,把运动物体实际表现的复杂运动分解成几个简单的分运动,从而利用研究分运动的性质和轨迹表确定物体实际表现的运动的性质和轨迹。同时通过本节的学习,巩固矢量合成的一般法则即平行四边形定则,进一步强化矢量运算的可逆性和等效性原理。本节课在应用中关注学生知识的落实,强调知识的实际应用,将课堂教学延伸到课外,体现了培养学生的科学探究能力、自主学习能力、实践能力以及解决问题的能力的新课程目标,帮助学生树立了合成与分解观念。

三、相互作用力教学案例评价

(一)牛顿力学

牛顿力学中,力不是维持物体运动状态的原因,而是改变物体运动状态的原因。牛顿三大定律奠定了经典力学的基础,第一定律提出一切物体总保持匀速直线运动状态或静止状态,除非作用在它上面的力迫使它改变这种状态,其本质是定义了惯性系;第二定律给出了力与质量、加速度之间的关系;第三定律表明两个物体之间的作用力和反作用力总是等大反向且作用在同一条直线上。牛顿三大定律解释了作用力的性质与本质,揭示了力与运动之间的关系。

1. 导入新课

提问:用右手拍打左手,左手有什么感觉,右手又有什么感觉?

提示学生回答:两只手都有疼痛感,这说明右手拍打左手时,右手对左手有力的作用,同时左手对右手也有力的作用。

2. 推进新课

1)探究作用力与反作用力。

(1)探究两只气球相互轻轻挤压。提示学生观察:两只气球是否都发生形变?形变是否有先后之分?提问:两只气球间产生力的作用,分别是哪两个力?能否认为它们是同一个力?

(2)演示与分析。弹簧的一端固定,手拉弹簧的另一端使其伸长。在教师的引导下,让学生分析其作用的相互性。浮在水面上的磁铁与铁块相互吸引,使它们快速靠近。磁铁间的相互作用表明不相互接触的物体之间的力的作用也是相互的。

(3)结合上述探究,复习力的概念,引入作用力与反作用力的概念。

(4)小结。两物体间的作用总是相互的,一个物体对另一个物体施加了力,后一物体一定同时对前一物体施加了力。物体间相互作用的这一对力通常称为作用力和反作用力。我们可以把其中任何一个力称为作用力,另一个称为反作用力,它们作用在不同物体上。

2)探究作用力与反作用力的关系,即牛顿第三定律。

(1)学生实验:探究作用力与反作用力的关系。

(2)引导学生回答:要测力需用弹簧秤,要测两个力需用两个弹簧秤,测作用力与反作用力(对拉)。

(3)介绍弹簧秤的使用方法:使用前要调零,不要超过弹簧秤的量程。

（4）实验：研究静止状态下作用力与反作用力之间的关系，并得出结论；研究匀速直线运动状态下作用力与反作用力之间的关系，并得出结论；研究变速直线运动状态下作用力与反作用力之间的关系，并得出结论。

（5）得出结论：作用力与反作用力大小相等，方向相反。与物体的运动状态无关。

（6）小结。作用力与反作用力"总是"等大、反向、共线（"总是"指对任何物体任何情况下都成立，即与物体的大小、形状、运动状态、是否接触等均无关系，"总是"指的是有限的事实得出的定律对无限情况无一例外地适用）。

（7）定律深化阶段。

问题1：火箭发射升空时所受重力的反作用力是怎样的？

问题2：放在桌子上的书本所受支持力的反作用力是怎样的？

问题3：皮带运输机将货物从底端运送到顶端，货物所受的摩擦力的反作用力是怎样的？

小结：有意强调受力物体和施力物体，为区别一对平衡力作铺垫（异物、同性质）。

点评：本节课以实验法、分层探究法为主要教学方法。以问题为中心，让学生自主进行实验探索，使学生积极参与建立物理规律的全过程，从而得出结论。首先让学生观察生活中力的相互作用现象，思考力的相互作用规律；再通过实验探究力的相互作用规律，让学生学会研究物理学现象、总结规律的方法，体会相互作用（力）的特点，帮助学生树立力的相互作用的观念。

（二）对称性思考

两个相互作用的物体之间，有作用力必然就有反作用力，这便是对称性思考。这种思考对物理学发展起着重要的作用，比如奥斯特发现电生磁现象，引发了法拉第思考磁生电现象。再如在负电子被发现几十年后，狄拉克预言了正电子的存在，并被其他科学家发现。正电子的发现开辟了反物质领域的研究。

案例七："电磁感应"（片段）

通过奥斯特实验引导学生讨论：电能够生磁，磁能不能生电？怎样才能使磁生电？

在提出磁能生电的猜想以后，针对如何才能产生电流，如何证明电流的存在等问题引导学生进行讨论并设计实验验证。其中就如何才能产生电流，可提示学生从磁场对电流的作用力使通电导线发生运动，即电能转化为机械能来逆向推导。

讨论结束后，分组进行实验，寻找产生电流的条件。

在试验中，让学生自己总结产生感应电流的条件，培养他们分析、归纳的能力。然后给学生讲述法拉第当年为研究磁生电而进行长达十年的实验，终于抓住了关键的一瞬间，同时讲述克拉顿如何与成功失之交臂，进一步强化学生持之以恒、善于反思、善于创新的科学精神。

在分析感应电流方向的影响因素时，同样利用实验探究法进行讲述。但由于受前面实验的影响，学生可能猜出跟导体的运动方向有关，那就让学生设计实验，制订实验计划，设计记录数据的表格（如果学生不能设计出具体的记录表格，要求学生记录实验结果进行分析，得出结论之后再设计）。

学生大胆猜想，教师适当引导，学生把实验的结果记录在表格中，分析交流得出结论。

最后完整演示电磁感应现象实验，要求学生仔细观察，让他们回顾电磁感应现象的内容，归纳出产生感应电流的条件及能量转化，对本堂课内容进行总结，培养他们的分析归纳能力。

点评：在学生学习了磁场的性质、电生磁及磁场对电流的作用之后引入本节内容。学生对电和磁的抽象知识已有一定的认识，但在空间想象、问题本质的分析等方面还较为薄弱。因此，在教学中从学生的已有知识出发，由浅入深，环环相扣，步步深入，最后峰回路转。通过让学生自主学习、探究实验、产生问题、协作交流等，从而解决问题，得出产生感应电流的条件，帮助学生树立对称性思考的观念。

（三）四种相互作用力

它们是万有引力、电磁相互作用力、强相互作用力和弱相互作用力。万有引力是自然界的基本相互作用力之一，它存在于一切物体之间。电磁相互作用即电荷间的相互作用力、磁体间的相互作用力。强相互作用力，即在原子内部有一种未知且强大的相互作用力，使得原子核紧密地保持在一起。弱相互作用力，是在放射中起作用的一种基本相互作用力。

案例八："万有引力及四种相互作用力"（片段）

万有引力介绍后，指导学生对四种相互作用力进行了解。

第一种力是引力，这种力是万有的，也就是说，每一粒子都因它的质量或能量而感受到引力。引力比其他三种力都弱得多。它是如此之弱，以至于若不是它具有两个特别的性质，我们根本就不可能注意到它。它会作用到非常大的距离中去，并且总是吸引。这表明，在像地球和太阳这样两个巨大的物体中，所有柱子之间的非常弱的引力叠加起来能产生相当大的力量。

第二种力是电磁力。它作用于带电荷的粒子(如电子和夸克)之间,但不与不带电荷的粒子(如引力子)相互作用。它比引力强得多:两个电子之间的电磁力比引力约大 10^{42}(在 1 后面有 42 个 0)倍。然而,共有两种电荷,即正电荷和负电荷。同种电荷之间相互作用力是互相排斥的,异种电荷则互相吸引。一个大的物体,如地球或太阳,包含了几乎等量的正电荷和负电荷。由于单独柱子之间的吸引力和排斥力几乎全抵消了,因此两个物体之间纯粹的电磁力非常小。然而,电磁力在原子和分子的小尺度下起主要作用。在带负电的电子和带正电的核中的质子之间的电磁力使电子绕着原子的核做公转,正如同引力使地球绕着太阳旋转一样。

第三种力是弱核力,主要表现在粒子的衰变过程中。它制约着放射性现象,并只作用于白族为 1/2 的物质粒子,对诸如光子、引力子等粒子不起作用。直到 1967 年伦敦帝国学院的阿伯达斯·萨拉姆和哈佛的史蒂芬·温伯格提出了弱作用和电磁作用的统一理论后,弱作用才被人们很好地理解。此举在物理学界所引起的震动可与 100 年前麦克斯韦统一了电学和磁学相比。

第四种力是强作用力(或强核力)。它将质子和中子中的夸克束缚在一起,并将原子中的质子和中子束缚在一起。它只能与自身以及夸克相互作用,人们认为其作用机制乃是核子间相互交换介子产生的。

最早被人们认识的相互作用是电磁相互作用。公元前 6 世纪,古希腊的泰勒斯用琥珀和毛皮摩擦,开始认识摩擦生电现象。麦克斯韦总结了前人一系列发现和实验成果,于 1875 年提出了描述电磁作用的基本运动方程式,后来称为麦克斯韦方程。这是第一个完整的电磁理论体系,它把两类作用即电与磁统一起来,定量地描述了它们之间的相互影响、相互转变的规律。麦克斯韦方程还揭示了光的电磁本质:光本身是一种电磁波。

人类认识的第二种相互作用是引力作用。在哥白尼、开普勒、伽利略等科学家对天体运行大量观测和归纳的基础上,牛顿提出了万有引力定律,它很好地解释了与引力有关的大量实验。物体间的引力作用是很弱的,只有涉及星体这样的庞然大物,实验中才能感受到引力作用;引力作用又与电磁作用不同,任何物质间都存在引力。因此,在许多电中性物体的运动中,例如宇宙中的星体运行、地球表面物体的运动等,引力会占优势。

另外两类相互作用都是短程作用,只在微观现象中才显示出来,因此人类认识它们的时间不长,认识的深度也远远不及前两种作用。从放射性原子核的衰变中人类开始接触到弱相互作用，以后在观测微观粒子衰变现象中丰富了关于弱相互作用的实验积累。

人类对强相互作用的认识也是从核力作用开始的。原子核由质子和中子组成，原子核大小在十万亿分之一厘米的数量级，每个核子的平均结合能为800万电子伏特。原子核在裂变和聚变反应中可以释放大量能量。质子和中子能以如此大的结合能束缚在如此小的范围内，它们之间必须有很强的相互作用。这种作用开始被称为核力，后来人们发现它不仅存在于核子之间，也存在于其他一些微观粒子之间，故统称为强相互作用。存在强相互作用的粒子称为强子。强相互作用比电磁相互作用又强了许多倍，但人类对强相互作用的理解还是极其初步的。

长期以来，人们有一种朴素的愿望，世界是统一的，各种基本相互作用应该有统一的起源。许多著名物理学家，如爱因斯坦、海森堡、泡里等，在晚年致力于统一理论的研究，但是没有取得成功。

麦克斯韦方程统一了电和磁两种相互作用，温伯格（1967年）和萨拉姆（1968年）在格拉肖早期工作的基础上，成功地建立了一个优美的理论，把电磁力和弱相互作用力看作一个单一的力即电弱力的不同表现形式，从而把它们统一了起来。这种模型的成功加深了人类对弱作用和电磁作用本质的认识，也推动着人们在规范理论基础上把各种相互作用统一起来而不断努力。20世纪的物理学有两次大的革命：一次是狭义相对论和广义相对论，这几乎是爱因斯坦一人完成的；另一次是量子理论的建立。经过人们的努力，量子理论与狭义相对论成功地结合成了量子场论，这是迄今为止最为成功的理论。

广义相对论也有长足的发展，在小至太阳系，大至整个宇宙范围，实验观测与理论都能很好地符合。但在极端条件下引出的时空奇异，却显示了理论自身的不完善。就人类现在的认识水平，量子场论和广义相对论是相互不自知的，因此量子场论和广义相对论应该在一个更大的理论框架里统一。

爱因斯坦建立相对论之后自然地想到要统一当时公知的两种相互作用，即万有引力和电磁力。他花了后半生近40年的主要精力去寻求和建立一个统一理论，但没有成功。现在回过头来看，爱因斯坦的失败并不奇怪。实际上，自然界还存在另外两种相互作用力，即弱力和强力。现在已经知道，自然界中总共有4种相互作用力，除万有引力之外的3种都可以用量子理论来描述，电磁力、弱力和强力的形成是用假设相互交换"量子"来解释的。但是，引力的形成完全是另一回事，爱因斯坦的广义相对论是用物质影响空间的几何性质来解释引力的。在这一图像中，弥漫在空间中的物质使空间弯曲了，而弯曲的空间决定粒子的运动。人们也可以模仿解释电磁力的方法来解释引力，这时物质交换的"量子"称为引力子，但这一尝试却遇到了理论上的很多困难。

近年来，一种新的统一理论正在兴起，它被称为超弦理论。该理论认为微观粒子不是一个点，而是一条一维弦，自然界中的各种不同粒子都是一维弦的不同振动模式，并在弦的基础上形成一套量子化方法。该理论宣称这是第一次得到的可重整化引力理论，该理论只有几个基本参数，其他参数原则上都可以在理论中计算得到，只是由于数学上的困难，暂时还算不出来。人们期望这一理论可以统一四种基本相互作用，但对这个理论持批评意见的人也很多。

20世纪后半叶以来，不少科学家提出了各种大统一理论，希望将四种力用一种理论统一起来，但都遇到了各种各样的困难，其中只有弱力和电磁力的统一（称为电弱力）较为满意。用规范理论统一四种基本相互作用是一个诱人的前景，但是在前进道路上也有可能会遭遇失败。也许人们还会寻找新的途径去统一各种基本的相互作用。通过一系列探索、失败、成功，再失败，再成功，不断发现矛盾，再解决矛盾，每一次循环都在加深人类对自然界的认识。

点评：通过对四种相互作用力的介绍，让学生了解引力是自然界的一种基本相互作用，它存在于一切物体之间；了解电磁相互作用力即电荷间的相互作用、磁体间的相互作用；了解强相互作用力是在原子的内部有一种未知的强大的相互作用，它使得原子核紧密地保持在一起；了解弱相互作用力是在放射中起作用的一种基本相互作用力，从而帮助学生树立相互作用力的数量级观念。

四、能量观念教学案例评析

科学以追求规律为目标，然而什么是物理规律呢？对每一个科学工作者来说，这是力图回答的问题。科学家们总是在变化着的世界中寻找出不变的天地。能量守恒定律就是对这种不变性的陈述。

能量转化与守恒定律的确立，将自然界中各种运动形式相互联系了起来，具体表现在以下几方面。

（一）机械能守恒定律

机械能守恒定律主要研究动能与重力势能及弹性势能相互转化中的定量关系，其内容是在只有重力或弹力做功的物体系统内，动能与势能可以相互转化，而总的机械能保持不变。

案例九："机械能守恒定律"（片段）

1. 导入新课

课件展示过山车翻滚的精彩片段，激发学生的学习兴趣。并提问：过山车在运动过程中动能和势能如何变化？（过山车从高处到低处：高度减小，速度增大；势能减少，动能增加，势能转化为动能。过山车从低处到高处：高度增大，速度减小；势能增加，动能减少，动能转化为势能。）

2. 情境思考：动能和势能的转化

（1）苹果做自由落体运动，重力做正功，苹果的重力势能减少，减少的重力势能到哪里去了？原来，当苹果的速度增加了，表明动能也增加了，这时重力势能转化成了动能。

（2）小球做竖直上抛运动，重力对小球做负功，小球的重力势能增加，小球的速度减小，动能减少了，表明小球的动能转化成了重力势能。

（3）压缩的弹簧具有弹性势能，当弹簧恢复原状时，就把与它接触的小球弹出去，小球的动能增加，说明弹簧的弹性势能转化成了小球的动能。相反，小球的动能可以转化为弹性势能。

点评：本节课采用了实验激趣法、情境体验法、分组讨论法、演绎推理法、问题引导法配合多媒体辅助手段进行教学。引导学生自主学习、合作探究。在具体的境中让学生学会思考与分析、归纳与总结、讨论与评价，学会学习知识的来龙去脉。

学生在具体的问题中判定物体的机械能是否守恒，初步掌握运用能量转化和守恒物理现象及分析问题的方法，帮助学生树立能量转化观念。

通有恒定电流的电路是一个能量转化系统，但各种形式的能量如何相互转化是有条件的。在电路中，只要有电流通过电阻，必然会有电能转化为热能，而热能的大小就由焦耳定律来决定。对于纯电阻元件，电流做的功会全部转化为热能。

（二）焦耳定律

案例十："焦耳定律"（片段）

1. 引入新课

教师把一个小灯泡连入电路。先让一个同学摸一下，感受灯泡的温度，然后闭合开关，通电一段时间后，再让其摸一下，比较温度变化的情况。接着，由灯泡温度升高这一现象，师生共同分析：温度升高说明灯泡内能增加，说明电能转化成了内能。

教师利用日常生活中的用电器如热得快、电烙铁、电饭锅、电风扇、电视机等，让学生讨论：在日常生活中有哪些物品是电能转化为内能的？教师展示几件日常生活中的用电器，然后介绍电流热效应的概念。

2. 突出重点、突破难点

请学生猜想一下，通电导体放出的热量可能与哪些因素有关？让学生猜想、讨论，告诉学生科学家们也经常使用"猜想"这种方法来研究有关问题。

教师、学生共同确定影响通电导体放出热量的因素：根据电流的热效应推测有电流；根据导体的电阻影响电流的大小推测有电阻；根据日常生活经验推测导体放出的热量还与时间有关。

在确定了电流、电阻和通电时间三个因素是影响通电导体放出热量的因素后又如何研究呢？先让学生讨论，并设计研究的方案。利用控制变量法，结合课本设计实验。

(1)将电源、滑动变阻器、两个电阻圈(甲的电阻大于乙的电阻)、电流表、开关串联接入电路，将火柴插入电阻圈中，闭合开关后，观察哪一根火柴先被点燃。接着师生共同分析，火柴先被点燃说明这个电阻圈的温度升高得快，产生的热量多。然后教师提问：在这个实验中，甲乙的哪些量是相同的，哪些量是不同的，最后请学生归纳结论，教师提醒学生归纳结论时要加前提条件。

(2)对比第一次实验，以甲电阻为研究对象，用滑动变阻器加大电流，学生又观察到了什么？这说明了什么？

(3)学生根据日常生活经验判断 I，R 不变，时间越长，电流放出的热量越多。

教师先让学生归纳总结，教师再总结出焦耳定律的内容、公式，让学生明白 Q，I，R，T 各个量的单位，并进行公式变形。

点评：本节课采取了启发诱导的教学方法边实验、边讲解、边讨论。教师通过实验学、日常生活中的实例教学，调动学生学习物理的积极性。学生通过对生产、生种电热器的了解，认识电流的热效应；通过实验探究电热与哪些因素有关，让学科学探究的过程，了解科学探究的重要方法即控制变量法，提高深究能力和思维能力；帮助学生树立能量间转化、转移等观念。

(三)能量转化与守恒定律

能量转化与守恒定律可以表述为能量既不会凭空产生，也不会凭空消失，它只能从一种形式转化为另一种形式，或者从一个物体转移到另一个物体。在转化或转移的过程中，能量的总量保持不变。该定律告诉我们，各种形式的能可以互相转化。该定律把原来人们认为互不相关的各种现象，即力、热、声、光、电、磁、化学、生物等联系在一起，把不同的各类运动统一在一个自然规律中。

案例十一："能量守恒定律"（片段）

由机械能守恒时的单摆实验导入，提出问题：考虑单摆在空气中运动受到的摩擦力，如果让摆球长时间摆动，能摆动到的最大高度是不是跟原来一样呢？如果不是，说明什么问题？

由学生讨论得出，由于摩擦力做功时机械能不守恒因而机械能减小。

进而提出：减少的机械能到哪里去了呢？如果是转化成了其他类型的能量，那是什么能量呢？

学生思考讨论，教师总结：机械能通过摆球与空气间的摩擦力做功转化成了热能，减少的机械能转化成了其他形式的能量。

感悟能量的转化。请学生举出能量转化的实例并分析转化过程，教师板书转化过程，最后得出结论：做功实现了能量的转化。

追寻能量转化的规律。能量是可以相互转化的，那么是不是可以利用这一点设计出源源不断对外做功而不消耗能量的机器呢？

教师展示永动机并分析，得出结论：能量是不可能创造出来的。

教师总结能量转化的规律即能量守恒定律。

（1）能量是守恒的，不会凭空产生，也不会凭空消失，并与初中化学中质量守恒的概念对比。

（2）能量的守恒并不是指某一种能量始终不变，而是指能量的总量不变，各种能量之间是可以转化的，一种形式的能量减少了，那么肯定有另一种能量增加。

（3）机械能守恒是能量守恒的一种特殊形式，机械能守恒是有条件的。

点评：本节通过生活中的一些实例引出了能量守恒定律的内容。由于大量的学生并不熟悉的能量种类，如内能、生物能、化学能等，不像机械能那样形象直观，通过举证大量的事例，逐步引导学生去思考总结。在这个过程中介绍该历程的艰难过程，让学生能够认识到能源对推动人类社会发展的巨大作用和伟大力量，进而帮助学生树立能量守恒的普遍性观念。

第三章 中学物理课堂教学的科学与探究

第一节 科学思维与科学探究的概述

一、科学思维概述

(一)科学思维的理解

什么是科学思维？要理解科学思维，首先要明确什么是思维。思维作为一种心理现象，是认识世界的一种高级反映形式。具体地说，思维是人脑对客观事物的一种概括的、间接的反映，即反映客观事物的本质和规律。辩证唯物主义认为，思维是高度组织起来的物质即人脑的机能，人脑是思维的器官。思维是社会中的人所特有的反映形式，它的产生和发展都同社会实践、语言紧密地联系在一起。思维是人所特有的认识能力，是人的意识掌握客观事物的高级形式。思维在社会实践的基础上，对感性材料进行分析和综合，通过概念、判断、推理的形式，构造合乎逻辑的理论体系，反映客观事物的本质属性和运动规律。思维过程是一个从具体到抽象，再从抽象到具体的过程，其目的是在思维中再现客观事物的本质，达到对客观事物的具体认识。思维规律由外部世界的规律所决定，是外部世界规律在人的思维过程中的反映。

思维是在人的实践活动中，特别是在表象的基础上借助语言，以知识为中介来实现的。实践活动是思维的基础，表象是从对客观事物的直接感知过渡到抽象思维的一个中间环节，语言是思维活动的工具。思维以感知为基础又超越感知的界限。通常意义上，思维涉及所有的认知或智力活动，它探索与发现事物内部的本质联系和规律，是认识过程的高级阶段。思维对事物的间接反映，是指它通过其他媒介作用认识客观事物及借助已有的知识和经验、已知的条件推测未知的事物。[①]

科学思维是认识自然界、社会和人类意识的本质和客观规律性的思维活动，是围绕求得科学答案而展开的思维以及采取理论思维的形式。其内涵主要表现为高度的客观性。它是真理在认识的统一过程中对各种科学思维方法的有机整合；是人类实践活动的产物。下面是科学思维的几种定义。

第一种定义：科学思维是形成并运用于科学认识活动、对感性认识材料进行加工处理的方式与途径的理论体系。

第二种定义：科学思维是指为了正确认识客观世界所具有的思辨模式和认识方法，是连接实践与理论的桥梁。或者说，科学思维是指符合认识规律、遵循一定的逻辑规则，并能够达到正确的认识结果的思维。

第三种定义：科学思维是有意识的人脑对科学事物（包括科学对象、科学过程、科学现象、科学事实等）的本质属性、内在规律性及事物间的联系和相互关系的间接和概括的反映。

第四种定义：科学思维是指理性的认识及其过程，即将感性阶段获得的大量材料通过整理和改造，形成概念、判断和推理，以便反映事物的本质和规律。

第五种定义：科学思维就是指主体思维的科学化，也就是与现代科学发展相适应的最佳思维结构、与现实系统发展相一致的合理的逻辑过程、能够迅速、准确地反映客体的优化的思维方式，这三者的有机统一。

上述各种定义虽不一致，但都有共同的理解。一般来说，科学思维是主体对客体理性的、逻辑的、系统的认识过程，是人脑对客观事物能动的和科学的反映。从认识的发展历程来看，科学思维的主要表现有以下几个方面。

一是科学的理性思维。理性思维是在直观感性的基础上，经过界定概念、客观推理、科学判断后形成的正确反映客观世界的本质和规律的认识过程。科学和理性的思维，其基本前提是承认客观世界的存在是不以人的主观意志为转移的，但认识主体可以通过直观感性处理后获得客观世界内在的、本质的信息。人的认识可分为感性认识和理性认识，感性认识与人的直觉思维相联系，理性认识则与人的理性思维相关联。感性认识是理性认识的基础，理性认识是感性认识的深化。作为科学思维表现方式之一的理性思维，其主要意义在于为认识主体、认识客观事物的内在规律和本质提供手段。

---

① 李枫，舒静庐．科学思维［M］．北京：国家行政学院出版社，2011．

二是科学的逻辑思维。逻辑思维是人类特有的一种思维方式，是利用逻辑工具对思维内容进行抽象的思维活动。逻辑思维过程的形式化、规则化和通用化，就是要求创造出与科学相适应的科学逻辑，如形式逻辑、数理逻辑和辩证逻辑等。

三是科学的系统思维。系统思维是指考虑到客体联系的普遍性和整体性，认识主体在认识客体的过程中，将客体视为一个相互联系的系统，以系统的观点来考察研究客体，并主要从系统的各个要素之间的联系、系统与环境的相互作用中综合地考察客体的认识过程。

四是科学的创造性思维。创造性思维指的是在科学研究过程中，形成一种不受或者较少受传统思维和范式束缚，超越常规思维、构筑新意、独树一帜、捕捉灵感或相信直觉，用以实现科学研究突破的一种思维方式。创造性思维不仅是一切科学研究和技术发展的起点，而且始终贯穿科学研究和技术发展的全过程，是创新的灵魂。

总之，科学思维是关于人们在科学探索活动中形成的、符合科学探索活动规律与需要的思维方法及其合理性原则的理论体系。科学思维的方式包括归纳分类、正反比较、联想推测、由此及彼、删繁就简和启发借用等。科学思维能力包括审视能力、判误能力、想象能力综合能力和归纳能力等。

（二）科学思维的分类及特点

1. 分类

着眼于科学思维的具体手段及其科学求解功能，科学思维可分为发散求解思维、逻辑解析思维、哲理思辨思维等。发散求解思维是指人们在科学探索中不受思维工具或思维定式的制约，从多方面自由地思考问题的答案，它包括求异思维形象思维和直觉思维等。逻辑解析思维是指人们在科学探索中自觉运用逻辑推理工具去解析问题，并由此推得题解的思维方法，它包括类比思维、隐喻思维、归纳思维、演绎思维和数理思维等。哲理思辨思维是指人们在科学探索中运用不同程度的思辨性哲学思维去寻求问题的答案，包括协调思维、系统思维和辩证思维等。

从人类认识世界和改造世界的思维方式出发，科学思维可分为理论思维、实验思维和计算思维。一般来说，理论思维、实验思维和计算思维分别对应理论科学、实验科学和计算科学。①理论思维又称逻辑思维，是指通过抽象概括建立描述事物本质的概念、应用科学的方法探寻概念之间联系的一种思维方法。它以推理和演绎为特征，以数学学科为代表。理论源于数学，理论思维支撑所有的学科领域。正如数学一样，定义是理论思维的灵魂，定理和证明是它的精髓，公理化方法是最重要的理论思维方法；②实验思维又称实证思维，是通过观察和实验获取自然规律法则的一种思维方法。它以观察和归纳自然规律为特征，以物理学科为代表。实验思维的先驱是意大利科学家伽利略，他被人们誉为"近代科学之父"。与理论思维不同，实验思维往往需要借助某种特定的设备来获取数据，以便进行分析；③计算思维又称构造思维，是指从具体的算法设计规范入手，通过算法过程的构造与实施来解决给定问题的一种思维方法。它以设计和构造为特征，以计算机学科为代表。计算思维就是思维过程或功能的计算模拟方法论，其研究的目的是提供适当的方法，使人们能借助现代和将来的计算机，逐步实现人工智能的较高目标。模式识别、决策、优化和自控等算法都属于计算思维范畴。

2. 特点

一般说来，科学思维有以下几个主要特点。

第一是客观性。科学思维应该是从实际出发的，能如实地反映事物的本质和规律，即力图真实地反映认识的对象。这是进行科学思维的基础和必要的出发点。如果从书本出发或从某种理论、原则出发，不尊重事实、不重视实践的结果，就不可能是科学思维。

第二是精确性。科学思维不仅是符合事物本质和规律的思维，还是遵循一定逻辑规则的思维。人们在科学思维过程中能够运用大量的思维手段和认识工具，因此，科学思维有很强的精确性。随着人们认识的发展和认识能力的提高以及各种思维手段和认识工具的不断完善，科学思维的精确性水平将越来越高。

第三是可检验性。科学思维之所以具有科学性，很重要的一点就在于其思维的结果是可以验证的，科学思维是能够经得起实践检验的思维。科学思维并非是不犯错误的思维，而是能够经受实践的检验，并可以在实践的检验中不断坚持真理和修正错误的思维。过去正确的东西，随着实践的发展，今天可能出现了错误；随着实践的发展，今天正确的东西，不能保证明天仍然是正确的。所以，科学思维是要不断接受实践检验的思维，是不断坚持真理、修正错误的思维。

第四是预见性。因为科学思维能够正确地运用逻辑规则，正确地反映事物的本质和规律，所以它往往能够预见事物发展的未来，对事物的发展趋势或发展前景能够做出合乎逻辑的推断和预测。在科学史上，由于科学思维的预见性而产生的重大发现比比皆是。

第五是普适性。科学思维建立在客观性、精确性和可检验性的基础上，可以预见事物发展的未来，因此，科学思维的结果具有普适性。只要在一定的适用范围内，并具备了一定的条件，科学思维的结果总能显现出来。[①]

(三)科学思维的意义

第一，科学思维有助于我们形成正确的世界观和方法论。科学思维要求从实际出发，正确反映事物的本质和规律，正确地、辩证地运用科学思维方法，实际上就是要求我们要运用辩证唯物主义和历史唯物主义的世界观和方法论去分析和解决问题。

第二，科学思维有助于我们正确地认识世界和改造世界。科学思维作为正确的思维模式和思维方法，给我们正确认识和改造世界的活动提供了思想武器。其一，我们可以自觉地遵循形式逻辑的要求，反对相对主义、诡辩论等错误；其二，我们还可以运用辩证法去反对形而上学思维形式和思维方法，用联系、发展和矛盾的眼光看问题，全面动态地把握世界。

第三，科学思维能促进各门具体科学的发展。具体科学的发展离不开正确的思维模式，正确的思维模式和方法有助于正确的科学理论的形成。科学思维能够使我们判断事实是否与理论相符，有利于我们综合运用各种科学思维方法面对新情况，解决新问题，从而有所发现、有所发明、有所创造。各门具体科学正是在科学思维的推动下产生和发展的。

第四，科学思维有助于人们的交流和提升人的素质。人与人的交流也离不开正确的思维。科学思维就像融合剂，能使不同的民族和宗教派别在同一个世界中和谐共存。科学思维是精确的、可以检验的，有普遍的适用性。所以，它能使我们了解假设和推论、臆断和证明之间的区别，能帮助我们增强辨别能力。科学思维还可以帮助我们正确地对待思维定式：一方面是利用思维定式快速解决问题，另一方面又不被思维定式的负面影响所左右。人们可以通过科学思维的学习和训练，促进生产力的发展和推动社会的全面进步。

(四)物理学视角的科学思维

如前所述，科学思维就是具有意识的人脑对科学事物(包括科学对象、科学过程、科学现象、科学事实等)的本质属性、内在规律及事物间的联系和相互关系的间接的、概括的反映。作为物理学科核心素养的科学思维，是从物理学视角认识客观事物的本质属性、内在规律及相互关系的方式，是基于经验事实建构理想模型的抽象概括过程，是分析综合、推理论证等科学思维方法的内化，是基于

---

① 田世昆，胡卫平，物理思维论[M]．南宁：广西教育出版社，1996.

事实证据和科学推理对不同观点和结论提出质疑批判，进而提出创造性见解的能力与品质。

在理解科学思维时要注意明确以下几点。

1. 科学思维的特征

科学思维有两个基本特征：一是精确性与近似性的统一。科学思维既具有精确性，又具有近似性，是精确性和近似性的辩证统一。在进行科学思维时，要根据要求和问题的性质，处理好精确性与近似性的关系。二是抽象性与形象性的统一。科学思维不仅具有抽象性，而且具有形象性。抽象思维是科学思维的核心，形象思维是科学思维的先导，具体的科学思维中往往同时存在着这两种思维。抽象思维和形象思维的相互作用、相互补充推动着科学的发展。

2. 科学思维的基本形式

科学思维的对象是一个多层次、多结构、多序列的完整网络，是各物质及其运动之间的相互关系、相互作用形成的一个有机的整体。而我们对科学事物的反应和认识，总是一点一滴、一个方面一个方面、一个层次一个层次、一个角度一个角度地进行，是在积累了大量知识和经验的基础上形成的对科学事物立体的、完整的认识。

因此，我们在进行科学思维时，必须从不同的方面、不同的角度获得关于事物本质属性的外部信息，并加工改造。根据思维对象的不同，可以将科学思维分为科学抽象思维、科学形象思维和科学直觉思维。凡是以科学概念、科学判断和科学推理的形式来反映自然界物质的形态、结构、性质、运动规律物质之间的相互作用，达到认识科学事物的本质特征和内在联系的目的的过程，称为科学抽象思维。抽象性和概括性、逻辑性和系统性、能动性和间接性是科学抽象思维的三个特点。科学形象思维是以科学表象为思维材料而进行的，它具有形象性、动态性和创造性三个主要特点。科学直觉思维是以科学概念和科学表象结合而成、以整体功能的"知识组块"为思维材料而进行的，是指导人脑不借助逻辑推理而综合运用已有知识、表象和经验知觉，以高度省略、简化、浓缩的方式洞察事物的实质，并迅速做出猜测、假想或突然领悟的思维，它具有整体性、突发性和随机性三个特点。

3. 科学思维的基本方法

自然科学在长期的发展过程中形成了一系列基础的思维方法，主要包括以下几种。

(1)分析与综合。所谓分析，是把研究对象在思维中分解成它的各个组成部分或要素，然后分别加以研究和考察，研究它们相互联系及相互制约的关系，研究它们之间的相互作用及其在整体对象中的地位，考察它们对研究对象的状态及发展变化的影响，从而揭示事物的属性和本质的方法。所谓综合，就是在分析的基础上，把研究对象的各个组成部分或要素在思维中重新结合为一个整体，在整体上把握事物的本质和规律。在科学思维中，分析与综合具有辩证统一的关系，它们既有区别，又有联系，不可分割。

（2）抽象与概括。为了探索和揭示事物的本质与规律，必须根据研究对象和问题的特点，从我们所考察的角度出发，撇开问题中个别的、非本质的因素，抽出主要的、本质的因素进行研究，并把一类事物共同的、本质的属性联合起来，从而建立一个轮廓清晰、主题突出、易于研究的新形象、新过程或者形成新概念，这种方法即抽象与概括的方法。常见的抽象与概括包括理想模型的产生、理想过程的形成和理想实验的应用。

（3）比较与分类。比较是确定事物之间差异和共同点的思维方法，包括类似比较、差异比较和系统比较。分类是以比较为基础，根据研究对象的共同点和差异，对事物进行分门别类的思维方法。科学研究中的分类必须遵循如下，原则：首先，分类必须按一定的标准进行；其次，分类要遵循穷尽性原则，划分出来的子项目的外延之和必须等于母项目的外延；最后，分类要反映事物的层次和次序。

（4）逻辑推理。逻辑推理包括归纳推理和演绎推理。归纳推理是由一些个别的、特殊的判断推出一般性判断的思维方式，也就是从个别的或者只具有一定程度的一般性的知识中导出一般的或者比一般性更大的知识的推理。

演绎推理是由一般性的判断推出个别性的判断，从一般的原理、结论出发，导出新的结论的思维形式。[①]

（五）物理学科科学思维主要内容

物理学科核心素养的科学思维包括模型建构、科学推理、科学论证和质疑创新。

1. 模型建构

模型建构作为一种认识手段和思维方式，是学生根据研究问题和情境，在对客观事物进行抽象和概括的基础上，建构易于研究的、能反映事物本质特征和共

---

① 廖伯琴．普通高中物理课程标准（2017年版）解读［M］．北京：高等教育出版社，2018.

同属性的理想模型、理想过程、理想实验和物理概念的过程。

模型建构可以帮助学生抓住事物的关键要素，加深对概念、过程和系统的理解，形成系统思维。高中阶段的模型构建表现在分析模型所涉及的各个要素及其结构，用模型解释物理现象和过程、阐明物理概念和原理，在真实的情境中具备构建模型的意识和能力等。

2. 科学推理

科学推理是在科学教育研究和实践中提出来的，它不仅包括逻辑上的归纳推理、演绎推理和类比推理，而且包括分析与综合抽象与概括、比较与分类等思维方式和控制变量及组合推理、概率推理、相关推理、因果推理等推理形式。高中阶段的学生应能正确理解和应用上述科学思维方法，从定性和定量两个方面进行科学推理，找出规律，形成结论，并解释自然现象和解决实际问题。

3. 科学论证

科学论证是以科学知识为中介，对所获得的数据资料进行解释、说明，并提出自己的论点，反思自己和别人论点的不足与提出反论点，同时能反驳他人的质疑和批判的高级思维能力。高中阶段的学生应具有使用科学论据的意识和能力，能运用论据对研究的问题进行描述、解释和预测。

4. 质疑创新

质疑创新的核心是科学创造力。科学创造力是指在科学知识学习、科学问题解决和科学创造活动中，基于一定的目的，运用一切已有的知识信息，在新颖独特且有价值的产生某种产品的过程中表现出来的智能品质和能力。高中生的科学创造力主要表现在思维和想象的流畅性、灵活性和独创性等方面。

从物理学习和活动的角度来看，高中生的科学创造力主要表现在观察与实验、物理知识的学习、物理问题的提出、物理问题的解决、物理创造活动等方面。

(1)在观察与实验方面。能提出具有探索性的观察与实验课题；观察具有敏锐性，能迅速抓住重要信息；善于运用分析、综合、抽象、概括的方法，迅速洞察科学研究对象的本质属性和相互联系；能设计出各种实验方案，且能设计出简单、有效、新颖、独特的实验方案。

(2)在物理知识的学习方面。能够深入理解科学知识中所体现的科学思想、科学观点和科学方法；善于在物理概念、物理规律与科学实践之间产生丰富的联想；能够借助数学、哲学等学科知识进行推理，发现原来没有联系的两个对象、现象、概念和规律之间的联系；善于将物理知识归类，以形成合理的认知结构，并储存大量的结构良好的知识组块；对已经有的结论不盲目轻信，有检查和评价已有知识和结论的强烈意识，善于发现和纠正错误；善于形象理解物理知识，并对其赋予新的含义；具有丰富的想象力。

（3）在物理问题的提出方面。善于质疑，不满足于教材上的一些结论及老师的讲解；善于平中见奇、同中见异、异中见同，能从一般人不觉得有问题的地方发现和提出隐蔽的、复杂的探索性的问题。

（4）在物理问题的解决方面。能够迅速鉴别问题是否特殊，能从研究的材料中揭示隐蔽条件，排除多余因素的干扰，并发现有价值的因素，进而迅速选择解题策略，确定解题方法；善于一题多变、一题多解、多题归一，并从中发现规律；善于将一些实际问题抽象为物理问题并进行解答，或自编新颖的习题；善于监控解决问题的过程，能对难以用常规方法解决的问题另辟蹊径，寻找最简捷的解题方法和途径；当思维受阻时，能及时改变思维路线，修正原有的方案，将顺向思维和逆向思维相结合、集中思维和发散思维相结合，运用甄别、类比等创造性的科学思维方法理解和处理问题。

（5）在物理创造活动方面。善于发现日常生活和生产实际中的物理问题，并对其进行实际推测和理论验证；善于根据实际情况进行创造性思维，并提出独特的见解；善于对实验仪器、设备等提出改进意见；善于在课外活动中进行小发明、小改革、小制作，写出小科技论文，并独立地提出新的见解。

经过高中阶段的学习，学生应具有基于证据大胆质疑的意识和能力，能从不同角度思考问题，追求科技创新。①

（六）物理学解题思维方式和方法

1. 物理学解题思维方式

（1）发散思维和收敛思维。发散思维要求必须对问题的共性有全方位、多层次的把握。联系越多，发散也就越广，可以做到一题多解、一题多串、举一反三、触类旁通。收敛思维要求必须对问题的个性有彻底的认识。分辨得越多，收敛得也就越准确，可以做到多题一解、一题多变。在大多数情况下，既要用到发散思维又要用到收敛思维。

（2）分与合的辩证思维。分是指在思考时把事物分解为各个部分或各个属性，它主要着眼于研究事物的部分、局部、细节或阶段；合是指在思考中把研究对象

---

① 严春. 高中物理教学中科学思维方法的培养[J]. 中学生数理化·教与学，2015(9).

的各个部分和各个属性综合为一个整体。

（3）正向思维和逆向思维。有些问题，利用正向思维根本无法解决或解决起来很困难、烦琐，但利用逆向思维便可以收到"山重水复疑无路，柳暗花明又一村"之效。

（4）形象思维和抽象思维。形象思维和抽象思维在物理学中应用得十分广泛，尤其是在物理模型的建立和概念的形成中。

（5）等效思维。等效思维是以效果相同为出发点，针对研究对象提出一些方案和设想，并进行等效处理的一种方式。这种方式具有启迪思考、扩大视野、触类旁通的作用。

（6）图像思维。图像思维是利用物理图像的物理意义并结合数学知识来分析和解决物理问题的思维方式。利用物理图像解决物理问题直观、形象、方便。

2. 物理学解题思维方法

（1）模型思维法。复杂的研究对象或物理过程，通过运用理想化、抽象化、简化、类比等手段，突出事物的本质特征和规律，形成样板式的概念、实物体系和情境的过程（即物理模型）称为模型思维。比如可以把跳水运动员抽象成竖直上抛的小球，把掷铅球的过程抽象成斜抛运动等。

（2）图像思维法。图像思维法就是利用图像本身的数学特征所反映的物理意义解决物理问题，或者由物理量之间的函数关系与物理规律画出物理图像，并灵活运用图像来解决物理问题。图像能直观地描述物理过程，能形象地表达物理规律，能鲜明地表示物理量之间的关系。图像一直是物理学中常用的工具，图像问题也是每年高考必考的一个知识点。运用物理图像处理物理问题是识图能力和作图能力的综合体现，它通常以定性作图为基础（有时也需要定量画出图线）。当某些物理问题分析起来难度太大时，用图像法处理常常可以化繁为简、化难为易。特别是在解决物体受三个力（其中一个力大小、方向不变，另一个力方向不变）的平衡问题时常应用此法。另外，对于单个物体，一旦碰上其运动情况是先加速再匀速，或者先加速再减速到零，那么画 V-t 图可以帮助我们理解其运动情况，并且能快速地看出其位移、时间、速度之间的关系。图像法也可以用在追及问题上，或者用在小物块与长木板的相对运动上。在图像中利用面积求解一些物理量的方法，在解决较复杂的问题时能收到令人意想不到的效果。

（3）逆向思维法。逆着事件发生的顺序或者由果到因进行思考，寻求解决问题的方法就是逆向思维法。逆向思维是解答物理问题的一种科学思维。对于某些问题，运用常规的思维方法会十分烦琐甚至解决无果，但采用逆向思维，即把运动过程的"末态"当成"初态",反向来研究问题,可使物理情境更简单,物理公式更简化,从而使问题易于解决,收到事半功倍的效果。例如"匀减速至静止"可以看成"从静止开始做匀加速运动"。

(4)整体与隔离思维法。整体与隔离思维法是物理解题中最重要的思维方法,不管是在力学方面还是运动学方面。物理习题中,所涉及的往往不只是一个单独的物体、一个孤立的过程或一个单一的条件,这时就可以把所涉及的多个物体、多个过程、多个未知量作为一个整体来考虑。这种以整体为研究对象的解题方法称为整体法;而把整体中的某一部分(如其中的一个物体或者一个过程)从整体中抽取出来进行分析研究的方法称为隔离法。

(5)极限与临界思维法。极限与临界思维法有极端思维法、微元法两种。临界是指物体从一种运动状态转变为另一种运动状态的转折状态,它既具有前一种运动状态的特点,又具有后一种运动状态的特点。在有些物理问题中,由于物理现象涉及的因素较多,过程变化复杂,学生往往难以洞察其变化规律并迅速做出判断。但如果把问题推到极端状态或特殊状态下进行分析,问题会立刻变得明朗直观。这种解题方法称为极限思维法,也称为极端法。运用极限思维解决物理问题,关键是要考虑将问题推向什么极端。应选择好变量,所选择的变量要在变化过程中存在极值或临界值,然后从极端状态出发分析问题的变化规律,从而解决问题。有些问题直接计算可能非常烦琐,若取一个符合物理规律的特殊值代人,则有利于快速、准确、灵活地做出判断。如果选择题各选项具有可参考性或相互排斥,运用极端法更容易选出正确答案。加强这方面的训练,有利于培养学生的发散思维和创造思维。常见的极值问题有两类:一类是直接指明某物理量有极值而要计算其极值;另一类则是计算出某物理量的极值,并以此作为依据解出与之相关的问题。

(6)守恒思维法。运用守恒定律可以避开状态变化的复杂过程,使问题大大简化。能量守恒、机械能守恒、质量守恒、电荷守恒等守恒定律都集中反映了自然界存在的一种本质性的规律——"守恒"。学习物理知识是为了探索自然界的物理规律,那么什么是自然界的物理规律?在千变万化的物理现象中,那个保持不变的"东西"才是决定事物变化发展的本质因素。从另一个角度看,正是由于物质世界存在着大量的守恒现象和守恒规律,才为我们处理物理问题提供了守恒的思想和方法。能量守恒、机械能守恒等守恒定律就是处理高中物理问题的主要工具。分析物理现象中能量、机械能的转移和转换是解决物理问题的主要思路。

(7)类比思维法。对有相同或相似特征的不同物体物理现象物理过程、物理条件和物理方法，通过联系、区分与发展的思维视角对它们的属性特征、运动规律等进行分析和总结，最后得出结论的思维方法称为类比思维法。类比思维是用已经熟悉的、了解的物理概念去理解抽象的、未知的概念。当然，这两者之间要有足够的联系，比如重力场可类比电场，重力做功与重力势能的关系可类比电场力做功与电势能的关系。

(8)等效思维法。等效思维法就是在保持效果或关系不变的前提下，对复杂的研究对象、背景条件、物理过程进行有目的的分解、重组变换或替代，将它们转换为我们熟知的、更简单的理想化模型，从而达到简化问题的目的。等效思维法对解决复合场问题很有效，比如在电场、重力场都存在的情况下，需要找出合势能的"最低点"来等效重力场中的最低点。

二、科学探究概述

(一)科学探究的理解

探究是求索知识或信息，特别是求真的活动；是搜寻、研究、调查、检验的活动；是提问和质疑的活动。《美国国家科学教育标准》对科学探究是这样表述的："科学探究指的是科学家们用来研究自然界并根据研究所获事实证据：做出解释的各种方式。科学探究也指学生构建知识、形成科学观念、领悟科学研究方法的各种活动。"因此，可以认为：科学探究是人类探索和了解自然、获得科学知识的主要方法，也是学生学习科学的主要方式，还是一种综合的、关键的科学能力和素养。

理解科学探究有三重意义。

第一，它是一种学习方法。强调学生自己要不断发现问题、解决问题，在这个过程中获取知识、体会科学方法、受到情感态度价值观的熏陶。目前人们对这点已经达成共识。

第二，科学探究本身也是学习的内容。平常所说的知识包括陈述性知识和程序性知识。怎样进行科学探究是一种程序性知识，以前我们对这类知识的学习不够重视。在科学课程的学习中，学生要通过对探究过程的反复体验，学会怎样进行科学探究。这在过去强调得不够，应该引起重视。

第三，科学探究还是一种精神。要用这种精神探索和研究自然规律，也要用这种精神学习整个课程中的所有内容。

科学探究是人们探索和了解自然，获得科学知识的主要方法。以证据为基础，运用各种信息分析和逻辑推理得出结论，公开研究结果，接受质疑，不断更新和深入，是科学探究的主要特点。[①]

　　物理学视角的科学探究是指基于观察和实验提出物理问题、形成猜想和假设、设计实验并制订方案、获取和处理信息、基于证据得出结论并做出解释，以及对科学探究过程和结果进行交流、评估、反思的能力。学生通过物理学的学习，培养科学探究意识，能在观察和实验中发现问题、提出合理猜想与假设；具有设计探究方案和获取证据的能力，能正确实施探究方案，能使用不同方法和手段分析、处理信息，描述并解释探究结果和变化趋势；具有交流的意愿与能力，能准确表述、评估和反思探究过程与结果。

　　世界各国的课程标准都会将科学探究与交流能力作为对学生的培养目标。例如，《美国国家科学教育标准》中的课程目标强调培养学生进行科学探究所需要的能力（包括确定可以通过科学探究回答的问题，设计和进行科学研究，利用适当的工具和技术收集、分析和解释数据，运用证据进行描述、解释预测和构建模型，通过批判性和逻辑性思维建立证据与解释之间的关系，分析提出的可供选择的解释和预测，交流科学过程和解释，把数学运用在科学探究的各个方面）和对科学探究的理解能力（包括不同性质的问题提示我们要进行不同的科学探究；当前的科学知识和理解可以指导科学探究；数学对于科学探究的各个方面均十分重要；收集数据所采用的技术提高了数据的精度，使科学家能够分析研究结果并使之定量化；科学解释强调证据，拥有符合逻辑的论据，还需要运用科学原理、模型和理论；合理的怀疑是科学进步的动力，科学研究有时可以产生可供进一步研究的新概念和新现象，产生调查研究的新方法，或者开发出改进数据收集工作的新技术）。《英国国家科学教育课程标准》中提出通过科学教育，促进核心技能的发展，包括进行科学调查研究，进行科学探究，发现和交流各种不同的事实、观点和意见，收集、思考和分析第一手和第二手数据等，这些都是科学探究的主要成分。《英国国家课程标准》将实践与探究技能，以及交流都作为学科核心素养。澳大利亚的《维多利亚州物理课程标准》中指出：培养学生的关键技能包括科学探究、分析和应用对物理的理解、交流物理信息。强调学生能用书面语言、口头语言形象地表达事物、过程、概念等的特点，并能用图形、表格、图表、图像等表示。韩国强调培养学生科学探究自然的能力。加拿大奥尼托巴省强调科学探究、技术问题解决、STSE等。我国2001年以来的课程改革强调自主学习、合作学习和探究学习，并将科学探究作为科学教学的主要目标。一般来讲，科学探究包

---

① 张大昌．我对科学探究的认识[J]．课程改革研究，2007(2)．

括提出问题、做出假设、制订计划、收集证据、处理信息、得出结论、表达交流、反思评价等流程。

(二)科学探究的要素

根据《普通高中物理学科课程标准(2017年版)》,科学探究是指基于观察和实验提出物理问题、形成猜想和假设、设计实验与制订方案、获取和处理信息,基于证据得出结论并做出解释,以及对科学探究过程和结果进行交流、评估、反思的能力。科学探究主要包括问题、证据、解释、交流四个要素。

一是问题要素。具有科学探究意识,能在学习和日常生活中发现问题,提出合理的猜想与假设。例如:提出或识别可以通过科学探究解决的问题;判断一项探究活动围绕什么问题展开;根据已有的研究,提出可以进一步探究的科学问题;针对问题提出合理的猜想与假设。

二是证据要素。具有设计探究方案和获取证据的能力,能正确实施探究方案,使用各种科技手段和方法收集信息。例如:能通过观察、调查和实验等方式获取证据;掌握课程标准要求的实验器材的使用、实验方案的设计和数据的处理收集;以图形或图表等多种方式呈现收集到的数据。

三是解释要素。具有分析论证的能力,会使用各种方法和手段处理信息,描述、解释探究结果和变化趋势,并基于证据得出合理的结论。例如,基于证据分析相关的现象或原因;使用课程标准要求的方法和技术来分析数据;对收集到的证据的可靠性进行评估;评价证据是否支持所得出的结论。

四是交流要素。具有交流与合作的意愿和能力,能准确表述、评估和反思探究过程与结果。例如:准确表达自己的探究问题、过程和结果;选择和运用适宜的媒介与他人进行有效交流;对他人的探究过程和结果提出建设性的意见。[1]

除此之外,学生还应理解科学探究:一是理解科学探究是获取科学知识的主要途径,是通过多种方法寻找证据,运用创造性思维和逻辑推理解决问题,并通过评价与交流等方式达成共识的过程;二是理解科学探究需要围绕已提出和聚焦的问题设计研究方案,通过收集和分析信息获取证据,经过推理得出结论,并通过有效的表达与他人交流探究结果和观点;三是理解通过科学探究达成共识的科学知识在一定阶段是正确的,但随着新证据的增加,会不断完善和深入,甚至会发生变化;四是理解科学探究不仅是一种综合能力,而且是学习物理的主要方

---

① 廖伯琴.普通高中物理学科课程标准(2017年版)解读[M].北京:高等教育出版社,2018.

式。在科学探究中，掌握分析、综合、比较、分类、抽象、概括、推理、类比等思维方法，发展学习能力、思维能力、实践能力和创新能力，以及运用科学语言与他人交流和沟通的能力。

（三）科学探究能力要求

物理学是以实验为基础的科学，物理教学必须以实验为基础。在中学物理课程各个模块中都安排了典型的科学探究或物理实验。中学生在物理科学探究中应达到见表 3-1 所示的要求。①

表 3-1　中学生在物理科学探究中应达到的要求

科学探究流程	对科学探究能力的基本要求
提出问题	能从日常生活、自然现象或实验现象的观察中发现与物理学有关的问题。 能书面或口头表述这些问题。 能认识到发现问题和提出问题对科学探究的意义。
猜想与假设	尝试根据经验和已有知识对问题的成因提出猜想。 对探究的方向和可能出现的结果进行推测与假设。 认识猜想与假设在科学探究中的重要性。
制订计划于设计实验	明确探究目的和已知条件，经历制订计划与设计实验的过程。 尝试选择科学探究的方法及所需要的器材。 尝试考虑影响问题的主要因素有控制变量的初步意识。 认识制订计划与设计实验在科学探究中的作用。
进行实验与收集数据	能通过观察和实验收集数据。 能通过公共信息资源收集资料。 尝试评估有关信息的科学性。 会阅读简单仪器的说明书，能按书面说明操作。 会使用简单的实验仪器，能正确记录实验数据。 具有安全操作的意识。 能认识到进行实验和收集数据对科学探究的重要性。

---

① 中华人民共和国教育部. 普通高中物理课程标准：实验［M］. 北京：人民教育出版社，2003.

续表

科学探究流程	对科学探究能力的基本要求
分析与论证	能初步描述实验数据或有关信息。 能对收集的信息进行简单的比较。 能进行简单的因果推理。 经历从物理现象和实验中归纳科学规律的过程。 尝试对探究结果进行描述和解释。 能认识到分析论证在科学探究中是必不可少的。
评估	有评估探究过程和探究结果的意识。 能注意假设与探究结果间的差异。 能注意探究活动中未解决的矛盾，并发现新的问题。 尝试改进探究方案。 有从评估中吸取经验教训的意识。 能认识到评估对科学探究的意义。
交流与合作	能写出简单的探究报告。 有准确表达自己观点的意识。 在合作中注意既坚持原则又尊重他人。 能思考别人的意见，改进自己的探究方案。 有团队精神。 能认识到科学探究中必须有合作精神。

(四)物理学科科学探究的两种主要类型

课程标准指出，科学探究活动的具体内容、方式和要求等，应根据不同模块的性，质和任务而有所不同。例如：大部分模块可以探究教科书中所涉及的科学规律为主；偏重技术领域的模块可以操作或制作探究活动为主；偏重科学原理领域的模块可以理论性探究活动为主；偏重社会领域的模块可以验证物理学发展史中重大发现的探究活动为主；而专题研究性模块可以探究具有较高科技含量的、具有新鲜感的物理问题为主，并可安排一些开放性探究课题。不同内容、方式和要求的科学探究活动大体可分为实验探究和理论探究两种主要类型。

1. 实验探究

实验探究包括提出问题、猜想与假设、制订计划与设计实验、实验与收集证据、分析与论证、评估、交流与合作七个流程。这类探究活动以科学实验为主要形式，也可以称之为"实验探究"。当然，课堂教学中学生进行实验探究的具体流程要根据探究的是什么问题、各要素的价值(必要性)、各要素的难易程度以及时间等因素来决定。

(1)高中物理教材中的实验探究内容

①探究匀变速直线运动的规律;

②探究自由落体运动的规律;

③探究弹力与弹簧形变的关系;

④探究合力的计算方法;

⑤探究加速度与力、质量的关系;

⑥探究作用力与反作用力的关系;

⑦探究功与物体速度变化的关系;

⑧用烛块的运动研究运动的合成与分解;

⑨探究平抛运动的规律;

⑩探究静电感应现象;

⑪探究影响电荷间相互作用力的因素;

⑫探究影响平行板电容器电容大小的因素;

⑬探究导体的伏安特性曲线;

⑭验证机械能守恒定律;

⑮探究导体电阻与其影响因素的定量关系;

⑯探究路端电压随负载变化的规律;

⑰测定电池的电动势和内阻;

⑱探究影响通电导线受力的因素;

⑲探究平行通电直导线之间的相互作用;

⑳用洛伦兹力演示仪探究运动电子在磁场中的偏转;

㉑探究影响向心力大小的因素;

㉒观察电容器的充、放电现象;

㉓验证动量守恒定律;

㉔用单摆测量重力加速度的大小;

㉕探究影响感应电流方向的因素;

㉖探究变压器原、副线圈电压与匝数的关系;

㉗利用传感器制作简单的自动控制装置;

㉘用油膜法估测油酸分子的大小;

㉙探究等温情况下,一定质量气体压强与体积的关系;

㉚测量玻璃的折射率；

㉛用双缝干涉实验测量光的波长。

（二）初中物理教材中的实验探究内容

①探究声的产生和传播条件；

②探究音调和频率的关系；

③探究影响响度的因素；

④探究固体熔化时温度的变化规律；

⑤探究水沸腾时温度变化的特点；

⑥探究光反射时的规律；

⑦探究平面镜成像的特点；

⑧探究光折射时的特点；

⑨探究凸透镜成像的规律；

⑩探究同种物质的质量与体积的关系；

⑪探究重力的大小跟质量的关系；

⑫探究二力平衡的条件；

⑬探究影响滑动摩擦力大小的因素；

⑭探究影响压力作用效果的因素；

⑮探究液体内部的压强；

⑯探究浮力的大小跟哪些因素有关；

⑰探究浮力的大小跟排开液体所受重力的关系；

⑱探究物体的动能跟哪些因素有关；

⑲探究杠杆平衡的条件；

⑳探究定滑轮和动滑轮的特点；

㉑比较不同物质吸热的情况（用传感器比较不同物质的比热容）；

㉒探究串联电路中各处电流的关系；

㉓探究并联电路中干路电流与各支路电流的关系；

㉔探究串联电路中用电器两端的电压与电源两端电压的关系；

㉕探究并联电路各支路用电器两端的电压与电源两端电压的关系；

㉖探究影响导体电阻大小的因素；

㉗探究电流与电压的关系；

㉘探究电流与电阻的关系；

㉙探究电流的热效应与哪些因素有关；

㉚探究通电螺线管外部的磁场分布；

㉛探究什么情况下磁可以生电。

2. 理论探究

探究有多种可用的形式，虽然在科学课程中，大多数探究活动都需要实验的参与，但也有不少探究活动属于纯理论性的，这种探究活动跟数学课中的大多数探究活动相似，称为理论探究。理论探究一般包括提出问题、猜想与假设、思考与讨论、推理与论证、检验与评估、应用与实践、交流与合作七个流程。理论探究在科学课程中具有重要的意义，应予以重视，特别是在高中物理教学中。

(1)高中物理教材中的理论探究内容

①从 $v\text{-}t$ 图像看加速度；

②探究匀变速直线运动的公式；

③从伽利略理想实验到牛顿第一定律；

④用牛顿定律解决问题；

⑤推导功的计算式；

⑥探究功率与速度的关系；

⑦探究重力势能的表达式；

⑧探究弹性势能的表达式；

⑨探究动能定理；

⑩探究机械能守恒定律；

⑪抛体运动规律的理论分析；

⑫探究向心加速度的表达式；

⑬发现万有引力定律；

⑭探究串联、并联电路的特点；

⑮推导焦耳定律的表达式；

⑯探究导体电阻与导体长度、横截面积的关系；

⑰探究闭合电路欧姆定律；

⑱探究欧姆表的工作原理；

⑲推导计算安培力大小的公式；

⑳推导计算洛伦兹力大小的公式；

㉑探究带电粒子在匀强磁场中的运动规律；

㉒探究电场力做功的特点；

㉓探究电势差与电场强度的关系；

㉔探究带电粒子在电场中的运动规律。

（2）初中物理教材中的理论探究内容

①从 *s-t* 图像看匀速直线运动的速度 v；

②从真空铃实验看声音的传播需要介质；

③从熔化凝固图像看晶体、非晶体熔化凝固时温度变化的特点；

④近视眼和远视眼的矫正；

⑤从阻力对物体运动的影响到牛顿第一定律；

⑥从牛顿第一定律到平衡力、平衡状态；

⑦液体压强公式的推导；

⑧从浮力产生的原因推导阿基米德原理；

⑨根据物体浮沉条件中力的关系推导物体与液体密度的关系；

⑩功率与力、速度的关系推导；

⑪滑轮组机械效率表达式的推导；

⑫串联总电阻与各串联电阻的关系；

⑬并联总电阻与各支路并联电阻的关系；

⑭纯电阻电路中电功公式的推导；

⑮纯电阻电路中焦耳定律表达式的推导；

⑯家庭电路中电流过大的原因。

当然，实验探究与理论探究这两种典型的科学探究形式并不是完全分开的。在实验探究中有理性思辨的成分，如理论探究的要素（如猜想与假设、分析与论证等）；在理论探究中亦有实践操作的成分，如实验探究的要素（如检验与评估、应用与实践等）。

第二节　科学思维与科学探究的培养

一、科学思维的培养

（一）科学思维培养的重要性

物理学是由物理概念、物理规律和基本方法组成的一门系统性较强的学科，它是观察、实验和思维的产物。物理知识在现代生活、社会生产、科学技术等领域有着广泛的应用。目前的物理教材以经典物理学的基础知识为主，能为学生进一步学习现代科学技术所必备的力学热学、电磁学、光学、原子物理学等知识奠定基础，但教材中无论是物理概念的建立或物理定律的发现，还是物理基础理论的创立和突破，都离不开思维能力。物理学在长期的发展过程中，形成了一整套思维方法。基本的方法有分析与综合的方法、比较与分类的方法、抽象与概括的方法归纳与演绎的方法、科学推理的方法等。如牛顿定律、法拉第电磁感应定律等，都是以实验事实为基础，运用分析、综合、推理和归纳总结出来的。又如"质点""理想气体""点电荷""核式结构"等理想物理模型，是形象思维上升到抽象思维的产物。因此，思维能力在物理的学习和研究中起着重要作用，物理学科的结构特点决定了学生思维能力培养的重要性。

（二）中学生科学思维的主要表现

中学物理课的内容具有一定的深度和广度，它主要由实验、逻辑思维和数学表述三个要素构成。所以在中学物理知识的探讨和研究方面，注重的是对学生进行科学方法的指导和思维能力的培养。在教学中，学生常反映"课本熟悉，公式、概念清楚，教师讲课能听懂，但遇到实际问题却束手无策，感觉物理难学"。并不是物理难学，究其原因，是学生没有掌握学习物理的方法，没有认识到物理学科的特点决定了其思维过程必须是抽象和形象、动态和静态、发散和收敛、纵向和横向等相互对立、相互依存、互为补充的思维方法并存。学生的经验性思维会形成不同的思维习惯、方法和定式，使思维的结果与客观实际存在差异，从而导致学生在解决实际问题时感到物理难学。目前学生的思维差异主要体现在以下几个方面。

1. 善于形象思维，抽象思维能力差

学生在学习过程中，对一些直观的、具体的、感性的或熟悉的物理问题，容易接受和理解，而对那些不具体的、隐含的物理问题往往做不到摒弃次要因素，抓住其本质，将其转化为可感知的物理模型或过程去分析和讨论，用逻辑推理和理论分析的方法对研究过程进行简化和抽象，揭示物理学规律。初中物理教学基本上是建立在形象思维基础上的，它以生动的自然现象和直观，的实验为依据，使学生通过形象思维获得知识。初中物理中的大多数问题看得见、摸得着。进入高中后，物理教学便从形象思维领域向抽象思维领域过渡。从目前的教材来看，这个台阶是较高的。如高一物理教材中的静摩擦力的方向、瞬时速度、物体受力情况分析、运动的合成与分解等都要求学生有较强的抽象思维能力。从人的认识过程来看，从形象思维到抽象思维是认识能力的一大飞跃，而抽象思维能力的高低，直接影响着学生对所学物理知识的掌握程度和应用所学知识解决实际问题的能力。

2. 习惯单一思维，发散思维能力差

学生在分析和解决问题时，往往只顺着事物的发展过程去思考问题，注重由因到果的思维习惯，不注意变换思维方向，不善于探寻解决问题的多种途径和方法。比如，在物理中常用的正负号，它可用来表示矢量的方向，不表示矢量的大小；也可用来表示标量的正负，如温度的高低、功的正负能量的正负、电势的高低；也可用来表示物体的性质，如透镜的性质、电荷的性质等。而学生有时片面理解为只能表示方向，忽略了其还可以表示性质和大小。又如学生学完高中力学知识后，解决动力学问题的方法主要有三种：一是运用牛顿运动定律和运动学公式，分析简单的匀变速运动的问题；二是动量观点，运用动量定理和动量守恒定律；三是功能观点，运用动能定理和能量守恒定律。事实上，许多典型问题用后两种观点更容易解决，而学生只习惯用运动学公式和牛顿运动定律来分析，这就说明这种方法对学生理解和运用动量和功能原理知识产生了阻碍作用。比如，在分析带电粒子在电场中的运动时，首先要分析粒子的受力情况，是否要考虑重力应根据状态判断，但学生往往直接将重力列入分析，使问题不能得到解决。学生要克服这种思维定式，应注意运用典型事例来加强练习，增强训练的新颖性和题目的灵活性，以提高具体问题具体分析的能力，克服按既有思维套路来解题的不良习惯。例如，学生习惯于解决细线悬挂小球的摆动问题，而对小孩荡秋千问题却一筹莫展；学生习惯于解决小球过顶的圆周运动问题，而对汽车过拱桥的问题却束手无策。这充分说明学生对知识的迁移能力和发散能力不足。

3. 知识的迁移不灵活，推理能力差

推理是从已知的判断推出新判断的思维过程。学生在解决这类问题时，往往不注意挖掘所研究问题中的隐含条件，不清楚问题中哪些条件是已知的，哪些条件是不确定的，对一些似是而非的问题，不知道用所学的物理概念、规律为依据进行分析推理，对一些问题中的结论缺乏多角度的分析和判断。例如，要判断物体在运动过程中所受的合外力是否为零，就要分析物体动能变不变、动量变不变、加速度变不变、速度方向变不变等。学生在解决该类问题时，搞不清题中的一些不确定因素，如合外力虽不为零，但不一定是恒力（大小方向有可能在改变），运动方向和合外力的关系不确定。学生如果不能准确抓住这些条件，不能找出与问题有关的功能关系、动量定理、牛顿定律、力的概念进行综合分析和推理，就不可能推断出正确结论。推理分析是物理学中一种重要的思维方式。依据概念规律进行层次分明的推理，也是学好物理的重要方法。

(三)科学思维能力培养的方法和措施

因为认识到科学思维的重要性，不少学者把科学思维培养放到了教育的核心地位。如钱学森提出，教育最终的机理在于思维过程的训练；迈克尔·桑德尔提出，学习的本质，不在于记住哪些知识，而在于它触发了你的思考；以色列教育学家、心理学家费厄斯坦呼吁，思维过程应放在教学的核心位置；杜威在其名著《我们如何思维》一书中写道："智育的全部和唯一目的就是要养成细心、警觉和透彻的思维习惯。"科学思维是物理核心素养，中学物理教学的任务之一是培养学生的科学思维能力。传统教学重视结论应用，轻视思维过程。例如，在法拉第电磁感应定律的教学中，很多教师只关注定律应用，而将电磁感应发现过程中的思维方法跳过不讲，从而失去了提升学生核心素养的机会。

因此，中学物理教学应从传统的只重视结论应用转变为重视科学思维能力的培养。德国教育学家第斯多惠说过："教学的艺术不在于传授本领，而在于激励唤醒和鼓舞。"所以物理课堂理应把教书与育人有机结合起来，充分利用物理学科的优势，将真实的历史事件、感人的科学精神、不断创新的思维融入物理教学中，使科学求"真"的理性思维与人文文化中至善、至美的追求相结合，促进真、善、美的统一，促进人和自然的和谐与统一，让物理课堂充满激情。①

1. 运用形象思维法，培养学生的学习兴趣

所谓形象思维能力，就是在观察、实验中获得的一定感性知识的基础上，使学生建立清晰的物理图像，形成概念。一切事物都是综合性的刺激物。综合刺激物的各种现象有强有弱，强的掩盖弱的，如重的物体的下落速度与轻的物体的下落速度的观察等，如果不注意反映事物本质现象的内在因素，就会形成错误的概念。所以在物理教学中，教师一定要引导学生注意观察，使学生形成比较完整、清晰的物理图像。

由于形象思维以知觉、表现为重要材料，以鲜明、生动的语言为物质外壳，并在认识中带有强烈的情绪色彩，因此在教学中，要根据物理学的特点，从所研究的物理概念、定律的需要出发，运用演示实验、板书、板画、模型、幻灯、电影等直观教学手段和方法，并辅之以生动的语言与手势，使学生获得生动具体的感性认识，让学生从直观上了解与认识客体的全部形态，将对物理现象的观察与教师的讲解等客体作用于认识主体的动作并上升为知觉与表象，进而产生形象结

---

① 蔡铁权．物理教学丛论：基础教育课程改革视野下的中学物理教学[M]．北京：科学出版社，2005.

构。在物理教学中培养学生的形象思维能力，让学生观察物理现象，是必须的和有益的，但更重要的是让学生自己动手，在实验中观察物理现象，体会物理规律的奥妙。切实结合物理实验进行教学，是对形象思维法的充分利用。实验考查的不仅仅是学生对知识点的掌握情况，还考查学生的实践能力、观察能力和独立思考能力等。通过实验，还能提高学生学习物理的兴趣。

2. 整合现代化教学资源，培养学生的科学思维

在新媒体环境下，让学生自主学习和讨论的教学模式已经得到广泛的应用。这就要求学生在物理课外自主学习或完成老师布置的学习任务时，对遇到的问题要积极分析、探究和思考，并提出自己的认识、想法及体会。此外，学生也可以利用网络等工具，去查找自己无法解决的问题，或通过网络把问题提交给老师、同学进行交流、互动和讨论，从而比较顺利地解决问题。可见，在新媒体环境下，有效整合教学资源，可以拓展思路和视野。新媒体具有独立性、交流性和协作性，有利于培养和提高学生的学习能力、探究能力。在教学中，教师还应积极主动地与学生进行交流、讨论和互动。当学生提出疑问时，教师要科学合理地引导、启发，逐步拓展学生的视野，培养学生的科学思维。

3. 运用科学教学方法，在教学中培养学生的科学思维

物理课堂教学中应突出逻辑性，在掌握教材的逻辑性上狠下功夫。物理教学的总目的是要求学生比较系统地掌握学习现代科学技术所需要的物理基础知识，了解这些知识的实际应用；进一步提高理解能力、推理能力、分析综合能力、应用数学解决物理问题的能力和实验能力；培养学生的辩证唯物主义观。简而言之，就是传授知识、培养能力树立观点。要实现这个目的，教师必须熟练把握教材，能够按照教材本身的逻辑，编成便于学生展开思维的教学程序，引导学生步入物理情境，使每节课教学目的明确、内容充实、体系严密、层次清楚、生动活泼、启发性强，真正做到驾驭教材得心应手，选择教法灵活自如。

要巧妙运用比较法，通过比较认识一些容易混淆的物理概念和规律，并适时进行知识的分类，使所学知识条理化、系统化。物理学的研究对象不仅存在现象上的异同，还存在本质上的异同。在表面上差异极大的对象之间找出其本质上的共同点和在表面上极为相似的对象之间找出它们在本质上的差异，这对培养和发展科学的思维方法是十分重要的。分类是根据对象的差异，将对象区分为不同种类的一种思维方法。分类作为对客观事物的反映，有现象分类和本质分类两大类。所谓现象分类是根据对象的外部特征或外在联系进行的分类，本质分类则是根据对象的本质特征和内在联系所进行的分类。在中学物理的教学过程中，倘若

注意分类，可使所学内容的条理性、系统性加强，可以减轻繁重的机械记忆，强化理解记忆，可使学生在应用旧知识解决新问题时思路开阔、敏捷，条理清楚，脉络分明。

归纳和演绎是认识和掌握物理知识的两种推理形式，也是两种基本的思维方法。指导学生掌握好这两种思维方法，对于发展学生的认识能力具有极其重要的意义。在中学物理教学中建立概念、揭示规律常常运用归纳推理。在教学过程中，教师应当注意引导学生发掘教材在哪些地方、哪些概念、哪些规律上运用了归纳推理及如何运用归纳推理，从而逐步教会学生掌握归纳推理的思维方法。需要提醒学生注意的是，运用归纳推理认识新事物时，推得的结论或原理是否正确，要接受实践的检验或经过实验证明，防止犯以偏概全的错误。演绎推理是从一般到特殊，即从一般的原理、定律出发，推导出新的知识的一种思维方法，它是获取新知识、认识新事物的一种重要方法。教会学生运用演绎推理法是发展抽象思维的重要途径。和归纳法相反，演绎法是从一般到个别的推理方法。作为出发点的一般性判断称为"大前提"，作为演绎中介的判断称为"小前提"。把由"大前提"和"小前提"推算出来的"结果"称为演绎的结论。演绎推理的主要形式就是由"大前提""小前提""结论"组成的"三段论"。在高中教学阶段，可以适当地运用演绎推理，帮助学生建立新概念、理解新知识。使用演绎推理，还可以帮助学生判断犹疑难断、模棱两可的问题，它也常用于求解多解选择题。

分析和综合是抽象思维的基本方法，贯穿于整个认识过程。物理学研究的是自然界最普遍的现象，但一切自然现象总是不断变化的，同时又是相互依存和相互联系的，因此要认识这样复杂的自然现象，必须有正确的逻辑思维方法，也就是必须有从整体到部分、从部分到整体的逻辑思维方法，这就是人们通常所说的分析和综合。

分析就是在思维中把研究对象的整体分解为各个部分、各个方面分别加以研究的思维方法。用物理定律解决实际问题时，一定要注意适用范围和成立条件，要弄清事物的相互联系和因果关系，切记不可生搬硬套。唯物辩证法告诉我们，现象的因果联系是客观的、普遍的。在所考察的特定现象的特定关系中，原因和结果是紧密联系、相互统一的，也就是说任何结果都是由一定的原因决定的，而任何原因都决定着一定的结果。例如合外力的功是物体动能改变的原因，合外力的冲量是物体动量改变的原因，导体两端的电压是产生电流的原因等。发展的特征是指人们对事物的认识有一个量的积累过程，不可能一次完成，而且有时可能产生曲折；量变发展到一定程度会发生质变。对立统一的特征是指唯物辩证法认为一切事物内部都存在着矛盾，任何事物都是一分为二的。大到宇宙天体，小到基本粒子，简单的机械运动或是高级的生命运动，都不例外。物理中也处处充满着矛盾，如正电和负电，作用力和反作用力，原子中有原子核和电子，原子核又有质子和中子；质子又有质子、反质子；中子又有中子、反中……基本粒子也是不可穷尽的。由于矛盾的双方在一定条件下可以相互转化，例如导体和绝缘体在一定条件下可相互转化，中子和质子也可在一定条件下相互转化。因此，在学习中不应一成不变地看待各种事物。

唯物辩证法认为事物变化的根本原因在于事物的内部即内因，外因只是条件，外因要通过内因起作用。如电压是使导体产生电流的原因，而不能使绝缘体产生电流。学生掌握了辩证思维法，就能进一步提高其学习能力，培养科学思维素养。

4. 鼓励大胆质疑，在探究中培养创新的科学思维

学起于思，思源于疑，疑则诱发探究的意识，从而发现真理。世界上许多重大的发明和新技术的发现往往是从质疑开始，从解疑入手的。从有疑到创新，是事物发展的客观规律。在物理教学中，教师要鼓励学生大胆猜想，去发现问题，同时要大胆质疑，敢于提出问题，并敢于探究。爱因斯坦说："提出一个问题往往比解决一个问题更加重要。"物理教学中，教师要鼓励学生多问几个为什么，让学生敢于说出自己心里的疑问和想法，不要轻易否定，不要轻易拒绝，否则学生敢于质疑的好习惯可能会被扼杀。

创造思维是指发明或发现一种新方式并用其处理问题的思维方法。之所以把它叫作"创造思维"，是因为它要求重新组织观念，以便产生某种新的东西，即某种以前不存在或没有被发现的东西。创造思维与常规思维最本质的区别在于常规思维通常都是逻辑思维，而创造思维除逻辑思维外，还包含了各种形式的非逻辑思维。它有 6 个主要特点：①独特性，与众不同，前所未有；②多向性，善于从不同角度去思考问题，从多方面去分析研究，抓住事物的本质，寻找问题的答案；③非逻辑性，创造性答案往往是非逻辑思维的产物；④全面性，能从事物的联系和关系中思考问题，由此及彼地全面看问题，而不是孤立地思考问题；⑤综合性，创造是多种思维方式的综合，综合中有创新；⑥发展性，善于总结前人的经验教训，分析其原因，并在此基础上创新和发展，正如牛顿所说："站在巨人的肩膀上看问题。"创造思维的动力是强烈的好奇心，好奇心可以激发人们去发现周围的一切事物的差异，促使人们去思考、去质疑。所有的科学家、发明家都具有强烈的好奇心。爱因斯坦、爱迪生、瓦特、杨振宁、李政道、丁肇中等人正是

有强烈的好奇心，才在理论和实践的海洋中不断探索，才使创造性思维能力达到了极高的境地。爱因斯坦说："思维的发展，在某种意义，上就是对惊奇的不断摆脱。"获得诺贝尔物理学奖的丁肇中在一次实验中观察到了粒子喷注现象，从而产生了好奇心，并找到了胶子存在的证据。因此，培养对事物的惊奇感是进行独立创造的重要条件，也是中学生发展创造思维的"诀窍"。

5. 结合物理学史对学生进行科学思维培养

中学物理教材涉及几十位物理学家的研究成果。这些物理学家在取得伟大成就的过程中所运用的科学研究方法和实验构思，为我们提供了各种科学方法、教学素材。结合教学内容介绍物理学史上科学家研究物理问题的科学方法，将这些科学方法作为学生学习的范例，是实施科学思维方法教育的一条重要途径。科学思想的逻辑行程和历史行程对学生学习科学理论、培养科学素质是极为有益的。科学家们并不是一开始就能够"非凡古怪"地思考问题，他们建立"古怪"的科学概念的过程是引人深思的。在这个追根溯源、回顾观念更替的过程中，我们自己和学生的观念也会不知不觉地发生改变，这比直接从概念、定律和公式出发要生动形象得多，而且印象也深刻得多。在物理学史上，几乎每一个新的重大成果都是在方法革新的基础上取得的，而新的重大成果反过来又促进了科学方法的革新发展。

我们的教科书中提供了不少物理学史资料，尤其是一些科学发现的史实，还有很多培养学生物理科学思维素养的资料和素材。例如，光的"波粒二象性"的内容，光的"波粒二象性"的发展历史，要追溯到 17 世纪出现的那一场关于光的本性的争论，这场争论推动了光学及整个物理学的发展。在这场争论中，人们始终遵循"实验—假设—理论—实验"的方法，基于事实、科学推理，精彩地演绎了"质疑、批判、检验和修正"的大戏，其中的"刀光剑影"一直是物理学史中物理方法与物理观念的璀璨篇章。教师要充分挖掘物理学史中培养学生科学素质的资料、素材，组织好教学，以利于学生创新精神的培养和提高。教科书中物理学史的内容有限，教师可以查阅一些资料来补充和丰富教学内容。这些可以为学生体验基于经验事实建构理想模型的抽象概括过程，提高学生基于事实证据和科学推理对不同观点和结论提出质疑、批判、检验和修正的认识。

二、科学探究的培养

（一）科学探究培养要点

1. 激发浓厚的探究兴趣是科学探究的起点

学生围绕科学性的问题展开探究活动是科学探究的重要特征之一。但并非所有的科学问题都会引起学生的关注，并保持浓厚的探究兴趣。那么，怎样才能有效地激发学生的探究欲望呢？

1）创设新颖有趣的问题情境

创设新颖有趣的问题情境，有利于吸引学生的注意力，使科学探究的课题更能激发学生自主探索的欲望。例如，在"探究影响滑动摩擦力大小的因素"一节的教学中，利用多媒体课件展示了奥斯曼土耳其帝国军队在木板上涂大量的牛油以减小其对舰艇的滑动摩擦力，借夜色掩护将 80 艘舰艇通过陆地绕过对方的海上封锁线到达目的地的故事情境。这样，便大大激发了学生探究该课题的兴趣，使随后的探究开展得更加顺利。可见，创设学生乐于探究的情境十分重要。

2）展示学生熟悉的物理现象

让学生从熟悉的问题入手有利于培养他们对身边小事物的兴趣以及发现问题的能力。例如在"大气压"一节的教学中，可以让学生观察桌面上的塑料挂衣钩并思考为什么将它按在桌面时从正面拔下十分不容易。这样做不仅有利于启迪学生的思维，而且还能让学生真真切切地感受到身边的大气压。

3）提出具备选择性和开放性的探究课题

学生是由不同的个体组成的，他们的生活环境、人生经历、个性等均有差异，因而他们对问题的探究角度和侧重点也有所不同。要激发所有学生的探究欲望就要求教师提出的探究课题有选择性和开放性，尽量让不同小组的学生有自主选择的机会和权利。这样，不同的学生才能结合各自的专长和兴趣做适合自己的探究课题。有时甚至可以允许学生针对某一课题自主提出自己想要探究的问题。[①]

2. 良好的实验技能是科学探究的基础

物理学是一门以实验为基础的自然科学。物理学的许多理论和定律都是人们通过实验总结出来的。物理课堂教学中的科学探究也离不开实验。学生的猜想：和假设一般都需要通过实验进行验证。那么如何才能突出实验在科学探究中的基

---

① 徐汉屏. 谈谈高中物理教学中的科学探究[J]. 读写算：教育教学研究，2015(10).

础地位，培养学生良好的实验技能呢？

1）引导学生掌握基本的实验方法和实验技能

实验方法包括理想模型法、控制变量法等。实验技能主要指实验仪器的基本操作技能，如实验仪器的操作、测量仪器的读数、误差的分析、数据处理等。学生只有掌握好基本的实验方法和实验技能，才能进行规范化的探究，圆满、高效地完成探究任务。例如在"自由落体"一节的探究教学中，有的学生提出应用打点计时器和纸带来分析重锤下落的运动规律。而在接下来的实验中，如果他们对打点计时器的使用、实验过程中的误差控制、纸带数据的处理方法等不是十分清楚，那么就可能得不出正确的结论，有时甚至还可能得出截然相反的结论。①

2）让实验渗透到科学探究的全过程

实验在科学探究中绝不只是一个环节，它应该有机地渗透科学探究的全过程，即使在猜想、假设等阶段都应让学生动手尝试，做到边实验、边思考、边讨论。可以说，尝试与实验是科学决策的前提，也是科学探究的重要内容，更是科学探究进行总结与分析的基础。学生创新的想法有时只是漂浮不定的一闪念，它急需通过动手实验进行证实和强化。有时还是在使用实验器材时，学生富有个性的想法才会喷涌而出。例如在"电磁感应"一节的探究教学中，一开始就可以给学生提供大量的实验器材，如不同量程的电流表、电压表、条形磁铁、蹄形磁铁、线圈、导线、滑动变阻器、开关、电磁铁、电池、打点计时器电动机、学生电源等，并允许学生边实验，边探究。有的可以用电压表来探测电磁感应时产生的感应电动势，有的可以通过两个条形磁铁同向合并、反向合并来改变闭合回路的磁通量变化率以深入探究影响感应电流大小的因素，还有的可以尝试通过连接打点计时器和用手转动电动机等方式获得感应电流。通过尝试与实验，比较容易让学生突破思维障碍，产生创新火花。因此，贯彻以实验为基础的思想，突出"做中学"的科学教育理念，不仅有利于激发学生的探究兴趣，也有利于点燃学生创新的火花。

3）正视实验小组间存在的差异

分小组进行实验探究是科学探究中不可或缺的环节。教学实践中经常会遇到一种现象，那就是面对同样的探究课题，有的实验小组早早就探究完毕，而另一些实验小组却迟迟不见进展。那么，怎样处理实验小组间存在的差异呢？首先，应合理地建立实验小组，尽量做到组间同质，组内异质，即让各小组间保持相当

---

① 熊正云．重视物理课外实验加强动手能力培养[J]．课程教材教学研究：中教研究，2009(1)．

的水平，而小组内各成员优势互补；其次，应明确小组内各成员的职责，让组内成员相互间学会交流协作和分享；再次，在学生进行小组实验时教师也应积极介入，教师通过巡视、倾听、观察及时了解各小组的开展情况，发现实验中存在的问题，对相对落后的小组多加点拨和指导，鼓励不同的小组进行交流与合作。

3. 应用教育技术是提高科学探究教学效益的重要手段

应用教育技术优化物理科学探究课程教学，意味着教育技术不再是一种技术手段，而是学习方式的一种根本变革。教育技术在学生自主学习、主动探究、合作交流等方面有明显的优势，学生将从传统的接受式学习转变为主动学习，有助于形成一种将书本知识与社会信息相结合、教师传授与自我探索相结合的观念和模式。

教育技术为学生在学科教学中的探究学习提供了技术工具和环境氛围，如借助 Flash 软件，制作"连通器、船闸"课件让学生探索连通器的特点、原理、应用以及船闸的工作过程，制作"汽油机、柴油机"课件让学生通过动态的模拟实验探索汽油机、柴油机的工作过程和原理等。学生在探索中学习，在尝试中获得成功的体验，对所学内容就有更深层次的理解。应用计算机整合教学，有助于学生对物理概念之间规律的理解和物理图景的动态分析。又如物体密度的测量、阿基米德实验、杠杆平衡条件的探究等，学生可以利用课件自己设计实验，通过人机交互对话框调整参数，探究不同参数状态下的实验情况并获得相关的实时数据。网络虚拟实验环境还可以提供一些学生在现实中无法体验的情境，可以为学生就一些需要进行实验而缺少实验条件和实验环境的探究学习内容提供帮助。诸如"仿真物理实验室"等平台，为学生提供自我动手、探索问题的模拟实验环境。学生面对问题时，可以借助它们做模拟实验来发现总结一些规律。另外，教师还可利用计算机提供的网络平台，让学生以论坛的形式向同学和老师寻求帮助和进行其他交流活动。这种做法有利于师生、学生间的沟通，让师生都能及时了解学习过程中存在的问题，从而提高课堂效率。

总之，利用教育技术可以做到创设物理探究情境、模拟物理探究实验、查询探究信息、处理探究实验数据提供交流探究论坛等。

4. 探究习惯的养成是科学探究的重要内容

在"科学探究"中，教师必须重视对学生进行探究习惯的养成教育。探究过程中需要学生学会合作、学会交流，这些合作与交流的实践和经验，可以帮助学生学习按照一定规则开展讨论，学会正确地与他人交流；学会向别人表达自己的想法，倾听别人的想法；正视批评并审视自己，以获得更正确的认识；学会相互接纳赞赏分享．帮助等。此外，探究过程中还需要学生养成自信、能正确面对失败、能独立思考、勇于创新等良好的研究习惯，学会有效收集和利用信息、有效使用数学技能等。这些探究习惯和学习方式的形成并非一蹴而就，要靠长久的培养才能得到。因此，我们应将良好的探究习惯的养成作为一个重要的探究目标并渗透在每一次探究教学中。

另外，探究习惯的养成还包括科学精神和科学态度的培养。科学精神的核心是求真，即实事求是和追求真理。其具体表现为遇事讲究客观的依据、理性的怀疑、多元的思考、平等的讨论、实际的检验、宽容的激励。科学态度主要指好奇心、尊重实证、批判地思考、灵活性、对变化世界敏感的态度。科学精神与科学态度的培养必须渗透在具体探究过程中。教师要通过有意识的点拨，促进学生反思与感悟。尤其是在交流和讨论环节，应注意留出足够的时间让不同学生的思想火花撞击，让各种不同的观点交锋，通过对比、反思、质疑、评论、争论等方式，让学生在实际情境中潜移默化地接受科学精神和科学态度的熏陶，从而养成良好的探究习惯。尽管科学态度和科学精神是正确的探究教学活动的必然结果，但老师有意识的点拨、引导一定会加速这一过程。

当然，在科学探究中，教师必须注意对学生的要求，不能操之过急，一定要循序渐进、统筹安排。为了使探究活动进行得充分和深入，可以在不同学习阶段突出重点，进行有针对性的训练，即在一个探究活动中只涉及部分探究能力目标。

5. 情绪能力的培养是科学探究教学中不可忽视的关注点

研究表明，情绪能力决定了人的一生是否成功和愉快。而智力与机遇造就人成功的领域和成就。情绪能力包括能正确地估价自己、能控制自己的情感、能激励自己、能了解别人的情感，善于处理人际关系。情绪能力的高低直接决定人们对事物不同的心态。积极乐观的心态往往是将人们不断推向成功的动力。为了培养良好的情绪能力，在科学探究中，教师首先要善于创设难易适度的探究课题，让学生在压力适度的环境下积极探究。如果问题过难，超过学生的能力，学生的情绪很快就会陷入低谷。而反复多次的探究失败必然致使学生对自己产生错误的评估，受挫感增强，自我效能低。如果问题过易，学生就会觉得不值得去探究。其次，要及时关注学生的情绪变化，适时调节他们的情绪，这样才能有效提高学生的情绪管理能力。再次，要让学生的情绪有宣泄的机会。让学生在探究的各个环节记录自己的情绪变化，交流时不要忘记谈一谈探究时的情绪状态。此外，有意识地介绍一些控制情绪的方法也是必要的。总之，科学探究教学中不能仅仅关注学生认知能力的提高，学生情绪能力的培养也是不可忽视的。

6. 把握教学节奏是提高科学探究效益的关键

与讲授法相比，科学探究教学模式显然要花更多的时间，但这并不意味着教师在提高教学效益方面无所作为。教师若能合理把握课堂教学节奏，把更多的时间花在启迪思维、培养学生能力和素质上面，减少无意义的停滞和课堂混乱，就可以切实有效地提高科学探究课堂教学效益。那么在科学探究课堂教学中应如何合理地把握课堂教学节奏呢？

1）问题的提出要快

科学探究时问题的提出要简洁明快、直奔主题，切忌做过多的不必要的纠缠。迅速提出核心问题，要求问题引入的切入点一定要小，问题的指向性明确，问题的难度适宜，切合学生的最近发展区。

2）问题的猜想与思索要缓

猜想与假设环节是培养学生思维能力的关键。这个环节一定要留充足的时间让学生思索。可以借鉴"头脑风暴法"，让学生经历"脑力激荡"。问题的猜想环节要注意以下原则：①延迟判断即提出设想阶段，只专心提出设想而不进行评价；②欢迎不同的想法，鼓励各抒己见；③尽量让学生表达猜想的根据；④鼓励学生去改进同伴的猜想。

3）问题的解决要稳

问题的解决并非一蹴而就，不同学生的解决方案也可能不同。但是无论采用哪种解决方案，都应该让学生知道做什么，怎么做，还要明了为什么这样做，做的时候要注意什么。在这些问题没弄明白前最好不要急于动手。特别是在总结探究结论时，应实事求是、水到渠成，不要牵强附会、弄虚作假。

4）问题的深入与升华要有度

课堂时间毕竟有限，因此不可能在课堂上将所有的问题都探究清楚。对有些问题可做适当引导，留待以后在教学中逐步推进，但有些问题必须在课后由学生自己进行深入探究。

（二）科学探究培养途径

科学探究是学生积极主动地获取物理知识、认识和解决物理问题的重要的实践活动。科学探究能力的培养要从多方面展开，如激发探究欲望、发掘提出问题的能力、形成探究的科学方法等。《物理课程标准》指出，物理课程应改变过分强调知识传授的倾向，让学生经历科学探究过程，学习科学研究方法，培养学生的探索精神、实践能力以及创新意识。通过科学探究，使学生经历基本的科学探究过程，学习科学探究方法，发展初步的科学探究能力，形成尊重事实、探索真理的科学态度。无论是科学家探究物理世界还是学生学习物理知识，都必须运用科学方法，注重科学探究能力的培养。在物理教学中，学生科学探究能力的培养，对于学生知识的学习、能力的发展和情感、态度、价值观的教育有着不可替代的作用。物理课程中的科学探究，是学生积极主动获取物理知识、认识和解决物理问题的重要实践活动。它涉及提出问题猜想和假设、制订计划、进行实验、收集证据、解释与结论、反思与评价、表达与交流等要素。在物理探究教学中，根据学生的年龄特点和认知能力，科学探究能力的培养应从多方面展开。①

1. 巧设问题情境，激发科学探究欲望

在探究教学模式中，教师是组织、引导的主体，学生是探究、学习的主体。

教师应充分挖掘物理教材中的各种有利因素，通过启发、诱导，让学生亲自参与探究活动，主动去发现概念、规律。在这种形式的学习过程中，学生不仅能学到知识，更重要的是能学到获得知识的方法。可以培养学生的主体意识、科学探究能力、实事求是的科学态度和敢于创新的探索精神。问题与疑问是探究式学习的起点，也是探究式学习的一个基本特征。物理探究式课堂教学，必须努力创设物理问题情境，让学生在物理问题情境中不断地发现问题、提出问题，并围绕科学性问题展开探究活动。但探究的问题是否一定要完全由学生提出，或者一定要等到学生能够提出好的探究问题之后才能组织探究性学习活动呢？在课堂教学中，教师设置问题情境，并通过引导优化和集中学生的问题，然后再筛选出那些可能会引发富有成效的探究活动的问题，这与学生提出好的问题同样重要。有时也完全可以由教师直接提出探究的问题。根据老师提出的问题，学生也完全可以进行有高度探究性的学习活动。而且，只要学生真正进入了探究知识的过程，就会提出各种各样的问题。

因此，教师要善于巧设问题的情境，培养学生提出问题的能力，激发其创新意识。例如，设置具有悬念情境的问题。如在讲沸点知识之前，提出一个问题："从事封建迷信的巫师，常表演双手放入油锅的骗人把戏。他将双手伸进翻滚的油锅里，而手并没有被烫伤，这是为什么呢？"这样学生的好奇之火就被点燃，激起了积极的学习动机。随着学习的深入，对沸腾、沸点等知识的领会就会更加深刻，问题也就有了答案："油锅里的下层是沸点较低的醋，上层是油，醋沸腾时，油并没有沸腾。"在有的教学中，可虚设一个与真实的物理知识相反的条件，由此

---

① 胡卫平，孙枝莲，刘建伟. 物理课程与教学论研究[M]. 北京：高等教育出版社，2007.

推出一系列想象性的荒谬结果，从反面的荒谬获得对正面真实的确认。例如，假如光的传播需要介质，那么太阳发出的光就传不到地球上，世界将一团漆黑，不见天日；假如没有重力，没有摩擦，没有惯性，没有大气压，没有导体……如此想象开去，使学生看到一幅幅奇妙的景观。课堂中，虚拟情境的创设和展开，就像引人入胜的故事中的一个个片段，随着故事情节的发展，激动人心的场面，学生的学习热情和积极的思维活动就会被唤起。教师可以设计一些开放性的问题。例如，讲物态变化时可以设计这样一个问题：在严寒的冬天（尤其在北方），用手去抓户外的金属时，常会感到金属粘手。这是什么原因呢？请通过实验来进行研究。巧设问题情境，可以激发学生的探究意识，从而更好地完成探究过程，达到新课标的要求，更快让物理知识走向社会。

2. 引导学生发现有价值的问题，发掘其提出问题的能力

爱因斯坦说过："提出一个问题，往往比解决一个问题更重要，因为解决一个问题也许仅仅是一个数学上或实验上的技巧而已，而提出新的问题、新的可能性，从新的角度去看旧的问题，却需要具有创造性的想象力。"所以在上课时，要时常注意引导学生从日常生活、自然现象或实验现象中发现有价值的问题，并对这些问题做进一步的思维加工，使其演变为有价值的科学问题。例如，在学习"大气压强"这节课时，用多媒体演示了托里拆利实验，引导学生分析了液体压强里试管倾斜与液体压强的关系，学生往往得出压强变小的结论，但是在托里拆利实验中也同样涉及这个问题，而这个结论却是错误的。这时候，教师根据学生的认知情况和已有的知识适当加以点拨，学生再通过进一步思考，便能提出一个有价值的科学问题：液体压强与外界大气压强的关系是怎么样的？

发现并提出问题是科学探究的前提和基础。在教学过程中，教师要引导学生敢于质疑，形成开放的课堂氛围。相信学生经过一定案例和知识的积累，一定能逐步提高自己提出探究问题的能力。

3. 重视科学探究过程，形成探究的科学方法

物理知识结构中，物理实验事实是基础，物理学的理论系统（概念、规律方法）是主干，数学则起着表述形式的作用。其中的物理实验事实（物理现象）、物理概念、物理规律之间的逻辑联系，是通过科学方法来实现的。科学方法是各知识之间联系的纽带和桥梁，是知识体系中的逻辑语言和逻辑符号。

中学生虽然会简单地提出问题，进行猜想与假设，但不知道怎样制订计划和方案，怎样收集整理数据，并分析论证。在这种背景下，老师应引导学生从模仿原型开始，逐步过渡到学生较为独立、自主地进行科学探究。因此在物理教学

中，必须注重学生的实践活动，注重学生的经历、体验和发现的过程。学生运用适当的科学方法是学生学会探究的关键。

在教学活动中，教师应尽可能地创造条件，引导学生通过自主活动，在科学探究中去体验、学习、感悟。比如在电路连接方式的探究实验中，让学生进行分组实验，每组 3～4 人，分给每组 3～4 个电键开关、3 盏小灯及灯座、电池组若干导线，只提 1 个实验要求，就是让 3 盏灯亮起来。这样一来，学生在轻松而愉快的氛围中获得科学知识科学方法和基本技能，而教师只需教给学生掌握科学探究的一些基本方法。掌握方法是发展能力的前提和基础，实际上能力与方法是一一对应的。要发展观察实验能力，就必须掌握观察实验方法，在观察中做到通过感觉器官或借助仪器有目的、有计划地感知客观现象，在实验中做到了解实验目的，会正确使用实验仪器，会记录、整理实验数据并得出必要的结论。要发展思维能力，就必须学会科学思维的方法。要学会分析与综合，能将复杂事物分解开来分别研究，进而找出各部分之间的联系，形成对事物更全面、更本质的看法。例如，由分析电流与电压的关系、电流与电阻的关系，综合出欧姆定律的内容；通过分析铜铝银都导电，归纳出金属导电这一观点。

重视实验中出现的问题，给学生充足的时间思考和解决。让学生带着问题去实践、操作，组织学生去分析问题出现的原因，让学生不断发现问题和不断解决问题。例如，在做凸透镜成像实验时，有的小组不能找到完整清晰的像，可以让学生自己根据成像规律分析讨论，在不同的物距下像距的大小变化像的位置；也可与其他成功的小组进行交流讨论，再次实验。这样不断发现问题并解决问题，直到实验成功。

注重引导学生把探究式学习向课外延伸。科学探究的形式是多种多样的，教师应根据《物理课程标准》的要求，有目的地组织学生在课堂内和课堂外进行科学探究实验，从而真正实现"从生活走向物理，从物理走向社会"这一教学宗旨。例如，在学习"长度的测量"这一节后，可以让学生用直尺测课本的长度，还可以让学生使用卷尺测量教室的长度和操场的长度，以及玻璃的厚度等。学生在实际测量中能够找到适当的测量工具和测量方法，从而达到学以致用，同时在探究过程中增长知识，发展能力。

4. 注重交流、评价的互动空间，给学生提供展示的机会

得出实验的结论并不意味着科学探究的完成，科学探究还包括对结果的评估、科学解释，以及对实验的反思。创造心理学理论认为：倘若你有一种思想，我也有一种思想，而我们彼此交流，我们两个人将有两种思想，这是扩散性。信

息扩散思想交换的结果，不只是各自有几种思想，还可以通过组合改造已有的思想产生新的思想，或者在新信息的刺激下通过联想作用激发一些有价值的观念，这就是创造。所以千万不能忽视这个环节。评估与交流可以是自我反思、小组互评、组内互评师生互评。例如，在完成平面镜成像实验探究后，有学生认为蜡烛点燃后烟雾污染教室、蜡烛熔化后的"油"污染桌面、蜡烛不容易固定等，用小手电筒代替蜡烛是比较恰当的。又如，在"探究杠杆的平衡条件"时，实验完毕后，请学生讲述自己的探究过程和得失。由于体验因人而异，所以每个同学的发言总是不同。有的学生讲了自己探究得到的结果：动力乘以动力臂的积等于阻力乘以阻力臂；有的讲了自己在实验中的失败之处；有的甚至讲到了改用弹簧测力计做实验的体会，认为测力计的方向一定要与杠杆垂直。在听取他人的讨论后，学生们的体验也在不断地发生变化，各自的感受不尽相同，从而碰撞出思想的火花。每个学生在交流中听取、评价他人的体验，把自己已有的经验与之进行衔接、贯通，从而产生新的体验。主动交流的学生由于自己的体验得到了别的同学的认可而获得快乐，使进一步体验成为可能；体验行为不够深入的同学从交流中学到更多的知识，使体验的不足得以弥补。在这样的科学探究过程中，学生培养了创新精神和实践能力，形成良好的科学品质，并逐步养成敢于质疑、善于交流、乐于合作的良好科学态度，为终身学习奠定基础。

苏联教育家苏霍姆林斯基说过，在人们的心灵深处，都有一种根深蒂固的需要，这就是希望自己是一个发现者、研究者探索者。而在青少年的精神世界中，这种需要则特别强烈。现代教学论也认为，任何教学内容都可以用一个个问题呈现出来，学习的发生起源于情境变化的刺激。重视探究实验、重视科学探究才能达到提高全体学生的科学素养的目的，实现人本化教育。

5. 发挥物理学史在培养科学探究能力中的价值

物理学史蕴含着丰富的科学方法，我们可以在教学中利用介绍物理学史或物理学家的成果进行科学方法教育。例如，在电与磁教学中介绍电磁感应发现史。1820 年，奥斯特以其"有准备的头脑"获得"机遇"，通过实验证明了电流的周围存在磁场，即电能生磁。此后，法拉第根据对称性原则，利用逆向思维方法提出磁能生电的猜想，后经过十年坚持不懈的努力，终于发现电磁感应现象。再如，富兰克林在做静电实验研究"地电"时，他的夫人不小心碰到莱顿瓶，意外地发生了闪电，这使他把天空中的闪电与之进行类比联想，从而对自然界中电的本质的认识有了重大进展，进而证实并建立了电荷守恒定律。这就是科学联想引导的灵感与创新。

总之，中学物理科学探究能力的培养，有助于学生学会发现问题、研究问题及解决问题的方法，有益于学生个性的发展，有利于培养学生的创新精神和合作精神，有益于培养学生科学的世界观。

(三)科学探究的培养策略

科学探究素养不是直接由教师教出来的，而是在问题情境中借助问题解决的实践培养起来的。如同语文的阅读能力和写作能力不是靠语文教师教出来的，而是在阅读实践与写作实践中培养起来的一样。因此，与其直接训练学生的思维能力与社会能力之类的素养与能力，不如优先设定有助于其自发地产生思维与沟通互动的实验课题及情境。

1. 从培养学生的观察兴趣入手来培养学生的观察能力

兴趣是最好的老师，学生有了观察的兴趣对提高观察能力十分重要。多篇文献中都曾提到要从培养学生的观察兴趣入手，从提高对观察的目的性和重要性的认识、培养学生观察物理现象的兴趣、教给学生科学的观察方法、充分发挥教师的指导作用四个方面来培养学生的观察能力。有的教师也提出关注观察方法指导、培养学生的观察能力，通过激趣和让学生有明确的观察目标来实现培养学生的观察能力。有的教师认为，实验现象的观察要符合目的性、整体性、理解性、选择性、精确性和客观性六个要求。教师要根据实验目的的不同确定观察的侧重点对学生进行培养。可以从观察的特征(目的性计划性、敏锐性和持久性)、观察的方法(全面观察、对比观察和归纳观察)、教师的指导作用和多给学生观察机会四个方面来培养学生的观察能力。学生观察能力的培养必须密切联系生活，从生活中来，到生活中去。培养学生的观察兴趣，在有观察有收获的体验中培养学生的观察动机，这是培养中学生观察能力的起点。同时，在观察中要对学生观察的目的性进行必要的指导，要让学生学会有效观察的方法并引导学生及时进行总结。对学生观察能力的培养要遵循循序渐进的原则，在这一过程中，教师的"支架"作用不能忽略。学生只有在教师的引导下进行循序渐进的有效的观察训练，才能提高观察能力。

2. 要以学生为中心，培养学生的动手操作能力

提倡多让学生动手操作，在充分调动学生主观能动性的基础上逐渐培养其动手操作能力。在演示实验中，可让部分学生配合教师一起完成部分实验，也可将演示实验改作分组实验。教师要尽可能给予学生实验机会，这对提高学生的动手操作能力大有好处。在培养学生的操作技能方面，小实验在物理课教学中起到了其他手段不可替代的作用。寓教于乐，为学生提供展示动手能力的舞台，以及通

过成立兴趣小组等为学生提供动手的机会。有人认为，教师还可以通过提高学生对实验重要性的认识，加强指导作用，布置课外实验，改变物理实验的四个方面来提高学生的动手操作能力。定期开放实验室，也能给学生创造更多的动手机会。

把物理课外实验教学落到实处，加强学生动手能力的培养。物理课外实验教学要在一定的原则(内容组织的关联性原则、物理课外实验能力训练的阶梯性原则、物理课外实验内容方式的生动性原则)下培养学生的动手能力才能更有效。中学物理学生实验操作能力应该是更具体的内容，是对学生的一些基本要求的界定，主要包括六个方面：①掌握常用基本仪器的构造、原理，能正确使用仪器进行观察、测量和读数；②掌握中学有关实验的一般原理和实验方法；③会正确记录实验数据，并能进行运算和分析，得出正确的结论；④了解误差概念，并学会初步的误差计算和分析；⑤会写一般的实验报告；⑥养成良好的实验习惯，包括爱护仪器、遵守安全操作规则和尊重实验事实。

3. 在物理教学过程中培养学生的思维能力

注重物理思想、物理过程的传授，培养学生的思维品质，是发展物理创造性思维的突破口；注意知识之间的广泛联系，注意对学生发散性思维能力的训练，开展物理实验和课外活动，发展思维的独创性，是培养学生物理创造性能力的有效途径和方法。可从以下几个方面培养学生的思维能力：①通过对物理实验的改进优化，培养学生思维的求异性；②注重对物理实验的比较分析，培养学生思维的类比性；③注重对物理实验的探索探究，培养学生思维的深刻性；④注重对物理实验的创新设计，培养学生思维的发散性。教师指导学生在观察体验中发展思维能力，在科学探究中提高思维能力。以科学假说的过程为主线，培养学生的逻辑思维能力，提高学生的探究思维能力。

4. 在实践中培养实验能力

研究表明，要加强实验教学和重视学生课外实验，以提高学生的实验能力。如以课堂教学为基础，注意课内知识向课外实验的延伸，重视教材中的阅读材料，积极拓展新课标课题学习前的课外实验，加强物理课外实验与其他学科的横向联系，鼓励课外小实验、小制作，倡导学生利用日常器具做实验。还要培养学生预习实验的习惯；培养学生正确使用实验仪器和测量物理量的能力；培养学生对实验现象的观察能力；培养学生处理和分析实验数据的能力；培养学生自主合作与创新的能力。教学中，教师要注重培养学生掌握科学的研究方法和思维方法，有了方法指导，学生就能有目的、有计划地进行实验，进而提高实验能力；

要循序渐进地培养学生的实验能力，从"带着学生走"到"看着学生走"再到"让学生自己走"；同时还要创设培养的环境，如宽松的课堂实验环境、激励性评价，排除学生消极的因素对实验的影响，开放实验室，让学生手脑并用，在深化物理知识的同时提高实验能力。

第三节 科学态度与责任的培养

一、科学态度与责任培养概述

物理学科视角下的科学态度与责任是指在认识科学本质，认识科学、技术、社会、环境关系的基础上，逐渐形成的探索自然的内在动力，严谨认真、实事求是和持之以恒的科学态度，以及遵守道德规范，保护环境并推动可持续发展的责任感。

通过中学阶段的学习，学生应正确认识科学的本质，具有学习和研究物理的好奇心与求知欲，能主动与他人合作，尊重他人，能基于证据和逻辑发表，自己的见解，实事求是，不迷信权威。在进行物理研究和物理成果应用时，学生应能遵循普遍接受的道德规范，理解科学、技术、社会环境的关系，热爱自然，珍惜生命，具有保护环境、节约资源、促进可持续发展的责任感。通过以上分析可以看出，科学态度与责任主要包括科学本质科学态度社会责任等方面。

（一）科学本质的理解

科学本质是人们对科学知识、科学研究过程、科学方法、科学精神、科学的历史、科学价值、科学限度等方面最基本特点的认识，是一种对科学本身全面的、哲学性的基础认识。科学本质观是一个结构化的观念系统，不同的历史时期和不同的人对科学本质的认识不尽相同。科学本质可以从三个方面进行阐述，一是科学知识的本质：世界是可以认识的，科学是可变的，科学不可能解决所有问题。二是科学研究的本质：科学讲究证据，科学是逻辑与想象相结合的产物，科学用作解释和预测，科学试图确定和避免偏见，科学反对权威。三是科学事业的本质：科学是一种负责的社会活动，科学被分成专门领域并在不同情况下进行研究，科学研究中存在普遍的伦理原则，科学家既作为专家又作为公民参加公共事务。在中学物理教学中，学生要通过知识的学习和科学探究，逐步理解科学的本质。近年来，研究者特别重视科学本质与科学学习兴趣的研究及培养，科学态度的多个方面反映了科学本质。

1. 经验主义科学本质观

经验主义科学本质观的要义是，科学经验是通过归纳法导出来的知识。科学始于观察，是以能看到听到、触到的东西为基础的。科学是客观的，个人的意见或爱好和思辨的想象在科学中没有地位。科学知识是可靠的知识，因为它是在客观上被证明了的知识。从事科学研究的观察者应该忠实地、客观地记录下他所看到、听到的东西。

2. 理性主义的科学本质观

理性主义认为，一切知识均源于理性所显示的公理。理性主义的知识观把知识当作外在于主体的客观存在，学生的学习就是要获得这些客观知识。理性主义知识观以哲学理论为基础，在理性主义知识观中，知识被认为是客观的、绝对的、科学的。客观的是指知识是一种具有客观基础的、得到充分论证的真实信念，它与仅仅是个人的意见或证据支持的主观信念相区别。绝对的是指通过严格的科学逻辑过程(即理性思维过程)获得的知识具有绝对的、永恒的和普遍的价值特性，是不容置疑的。科学的是指知识是按照学科体系各自成为一种具有某种共同属性的学科知识，每一种学科都有自己的知识体系和语言。

3. 逻辑实证主义科学本质观

逻辑实证主义认为，知识源自纯粹客观的观察，再经由科学方法得到科学知识或理论。逻辑实证主义的两个基本原则，一是逻辑，二是实证或经验。逻辑实证主义是实证主义传统中的当代科学哲学，崇尚经验科学，主张用符号逻辑分析现代科学，所提倡的科学方法是假设一演绎法。整个科学研究的过程，就是先以开放的眼光观察自然现象，通过归纳发现某些规则，进而在头脑中形成某种假说，再搜集资料验证假说，若假说成立就变成科学知识。所以只要严格遵循上述过程，所产生的知识就可称为科学知识。由于科学知识的产生过程被认为是"客观"的，因此一旦被确证，科学知识就变成绝对的真理。既然是真理，其地位就是稳固的，不会被推翻。所以当科学知识不断地形成时，就代表真理不断地增加，也就是说，科学知识是以一种线性累加的方式不断增长的。逻辑实证主义的观点对人们认识科学的本质产生的影响是巨大的。逻辑实证主义强调科学知识的可证实性，认为观察是科学知识的来源，而且观察是一种价值中立、客观的活动，不受任何因素的影响，故所得的资料一定是客观的。由于科学知识形成过程被认为相当客观，而且它是对自然界的本质的真实描述，因此是极不易改变的，故科学知识被视为绝对客观的真理。

4. 后现代的科学观

后现代的科学观认为科学是反映客观事物本质和运动规律的知识体系，是科学知识、科学方法和科学精神三个方面组成的不可分割的有机整体。它包括七个方面的特征：①当发现新的证据和对已有事实有新的解释时，科学知识将会改变；②科学知识最终是建立在经验证据基础上的，那就是对自然世界的观察；③人类的想象和创造性参与了科学知识发展的所有阶段，包括假设的提出、实验的设计和数据的解释；④科学观察受个体科学价值观和先前知识等主观性的影响；⑤科学受文化和文化价值观念的影响；⑥科学知识是建立在观察和推论基础之上的。观察是通过人的感官或这些感官的扩展收集的，推论是对这些观察的解释；⑦科学定律和理论是不同的科学知识。后现代的观点否定把科学简单地等同于真理的观点，认为科学是人与自然进行交流，不断理解自然和自身的一种交往活动。所有知识都是一种"暂时的"理论，都是对现有问题的暂时性解释。它只不过是人们对客观世界的一种解释假说或假设，它不是问题的最终答案，它必将随着人们认识程度的深化而不断变革、升华和改造，并随之出现新的解释和假设。

综上所述，传统的科学哲学认为，科学是用仔细的观察和实验收集事实并运用某种逻辑程序从这些事实中推导出的定律和理论，科学知识是不受人的主观因素影响的客观真理。现代科学哲学认为，那种把科学理论看成是明确的或被证明了的观点具有根本性的错误。科学知识是可错的，科学的过程是证伪的过程，是在寻找错误的过程中不断逼近真理而不能达到真理的过程。所以科学是发展的，是相对正确的。科学知识在本质上是一种猜想的知识，是大胆的假设。[①]

（二）科学态度的理解

态度是个体对特定对象所持有的稳定的心理倾向，这种心理倾向蕴含着个体的主观评价以及由此产生的行为倾向性。科学态度是个体对科学对象、科学现象、科学过程、科学事实、科学理论、科学研究等持有的稳定的心理倾向，主要包括好奇心、实事求是、追求创新、合作分享四个方面。通过高中阶段的物理学习，学生应具有学习和研究物理的好奇心与求知欲；具有基于证据和逻辑发表自己的见解的意识和能力，不迷信权威，实事求是；善于从不同的角度思考问题，追求创新；能主动与他人合作，尊重他人的感情和态度。

[①]　肖磊，徐学福. 科学本质教学的内涵原则及其策略[J]. 教育科学论坛，2011(3).

科学态度是一种认识论态度。科学态度是对知识的起点、知识的获得渠道、知识的证实原则所持的一种科学性的态度；科学态度一方面是人们发自内心地尊重不同观念、观点、理论、学说和假说，绝不轻易否定什么，也绝不轻易肯定什么的一种态度。另一方面是把科学看作一门学问，承认科学具有相对性和局限性，承认科学研究手段也具有局限性，而不是把科学当作绝对的真理，当作宗教信条和清规戒律的一种态度。科学态度是一个可以在科学家共同体与科学态度的坚信者中交流的诚信原则，它是一种可以流通的东西，就像我们手中的货币那样被我们每一个人依赖并在价值的交换中流通。科学态度不仅表现在知识的生产中，也表现在知识的消费环节中，我们应该坚信那些已经被经验证实的知识，应该坚决怀疑甚至否定那些不能被经验证实的或者已有的知识体系不兼容、与逻辑的理性原则相悖的知识。科学态度包括理性思维、批判质疑、勇于探究等科学精神。[①]

(三)社会责任的理解

社会责任包括科学伦理和"STSE(科学技术、社会和环境)"。科学伦理是指在学习、研究和应用科学的过程中应考虑和遵守的规范准则，如实事求是，不弄虚作假，顾及他人的利益，不对人类和自然带来不利影响等。科学伦理即科学道德，是指科学技术与伦理道德的相互关系、人们在科研工作中的道德结构和道德关系及其发展规律。科学技术为人类创造物质财富提供了越来越快捷的技术支持，极大地满足了人们日益增长的物质需求和精神需求。但与此同时，科学技术的负面作用也日渐凸显。如核武器的试用以及核电站装置的泄漏给自然环境造成了极大的破坏；基因重组工程有可能制造出没有天敌的新生物，从而破坏自然界的生物平衡系统；宇航事业的发展制造出大量的太空垃圾给太空环境带来极大的危害；新型的"人机关系"正损害着社会中正常的人际关系等。因此，强调科学的社会责任越来越重要。STSE强调科学技术与社会、环境的相互关系，科学技术的迅速发展在为人类创造高度物质文明的同时，也带来了能源、资源材料、环境、健康等问题，并严重威胁着人类的生存和发展。科学责任包括科技的责任和科学家的责任。康德曾经说过，责任就是我们成其为人和高尚者的基石。科技人员的责任范围不再局限于科学事物本身，他们还必须为科学后果负责，对公众负责，对社会负责。让科学家的道德受到社会道德的制约，以确保科技活动符合公

---

① 季国清，刘孝廷. 科学态度是科学素质的核心[J]. 北方论丛，2004(3).

众的利益，为国家服务，为人类服务。因此在物理学科的教学中有必要渗透和加强科学责任教育，帮助中学生树立保护环境就是保护自己家园的意识。

《普通高中物理学科课程标准（2017 年版）》中的社会责任主要包括科学伦理和 STSE 两部分内容。科学伦理的要求是在应用物理研究和物理成果时，知道需要考虑伦理和道德的价值取向，并能遵循普遍接受的伦理道德规范；理解科学技术的本质；理解科学、技术、社会、环境的关系；理解人类活动对自然环境、生活条件和社：会变迁的影响，以及科学技术已成为社会与经济发展的重要推动力量；理解社会需求是推动科学技术发展的动力；热爱自然，具有保护环境、节约资源、促进可持续发展的责任感。

在物理学科核心素养的四个要素中，科学探究是一个过程，是一种学习方式和科学研究的方式，是一种学习物理观念、发展科学思维形成科学态度和责任的手段和途径，同时也是一种综合能力。物理观念、科学思维、科学态度与责任是通过物理学习形成的。

二、科学态度与责任的培养

（一）培养途径

科学态度与责任意识在中学物理教学中的培养途径主要是通过学生对物理科学知识的学习、对物理实验过程的体验、与人交流合作的过程，逐渐了解、掌握物理科学的本质，形成正确的科学态度和责任意识，明白科学是为提高人的生活水平、改善人的生存条件服务的，是为人类服务的，从而逐渐树立为国家、为社会服务的意识，成为具有社会主义核心价值观的人。

1. 建立有利于中学生形成正确的科学态度与责任的制度和措施

学生是否能形成正确的科学态度与责任意识，很大程度上取决于教师的科学素养与科学意识，建立对物理教师的科学态度与责任意识培养机制是培养出具有科学态度与责任意识的教师的最佳途径。现实中一部分中学物理教师，特别是一部分高中物理教师的科学素养观念不足，有的教师高中三年几乎没有做过实验，也不让学生进实验室做实验，所有实验都用多媒体技术代替，要么放视频，要么放动画让学生"看实验"。所以对中学物理教师进行相关的培训，帮助他们转变育人观念，促使他们的教育教学行为更符合时代发展的需要，真正落实立德树人的宗旨，是当前的紧迫任务。[①]

只有教师自己掌握了先进的教育教学理念，具有系统、全面的专业知识结构，具有良好的教学技能和科学素养，才能适应新课程改革的需要，才能在教学过程中合理地运用标准的科学术语、规范的板书和科学的实验操作进行教学活动，从而促进中学生科学态度和科学责任意识的发展。

在中学物理教学中，教师要及时对中学生在物理科学学习中表现出的严谨的求知态度、开放性的创新思维、坚韧不拔的探究精神、批判质疑精神、交流合作的态度及时进行表扬和鼓励。

2. 营造有利于学生形成正确的科学态度与责任的环境

1）建立民主、和谐的课堂气氛

在民主、和谐的课堂中，学生更愿意与人合作、交流，更易于表达自己内心真实的想法，更勇于参与到物理科学的探究行动之中，从而更好地形成正确的科学态度和责任意识。

2）建立小组合作学习模式

通过小组成员的分工与合作完成科学探究内容，让中学生在探究过程中学会尊重他人、恰当表达、诚实守信，逐渐形成对自己的探究过程和结果负责的态度。

3）进行正确的科学态度引导

对有利于培养正确的科学态度与责任意识的行为进行恰当的表扬和肯定，对错误的行为、不利于科学态度与责任意识形成的行为进行及时的、恰当的批评或纠正，帮助中学生树立正确的价值观和责任意识，在班级内形成良好的科学氛围。

4）创造更多有利于培养科学态度与责任意识的平台

例如，举行课前三分钟"我崇拜的科学家故事"演讲，通过演讲，培养学生崇尚科学及科学家的情怀，形成较好的科学态度。注重物理实验教学，开齐物理实验课程。物理实验操作是培养科学态度与责任意识的重要措施，是研究与发展物理科学的基本手段，它不是单纯的技术操作过程，其中包含了丰富的认识论和方法论内容。开展好物理实验教学不仅有利于培养学生的实验技能，更重要的是还能启发和培养学生的发散思维和创造能力，激发学生进行科学研究的兴趣、培养学生基本实验操作能力和提高综合素质（即动手能力、创造性思维能力、想象能

---

① 胡卫平．物理学科核心素养的内涵与表现[J]．中学物理教学参考，2017(15).

力和解决问题的能力）。创建"课外科技活动小组"，开展"科技小论文、小发明、小制作比赛""航模比赛""机器人比赛"等科技活动，组织中学生参与各种区、市、国家级科技活动比赛，组织学生参加科技社会实践活动，培养中学生正确的科学态度，促进中学生社会责任感的形成。

（二）培养方法

培养学生的科学态度与责任意识，就是使学生逐步树立起科学的世界观和正确的人生观，进一步提高学生的科学素质和思想品质，使学生终身受益。物理学科除了不同于其他学科的特点外，还明显地具有科学性和实践性这两个马克思主义哲学的特点，因此，在物理教学中，不仅要传授给学生物理知识，而且要培养学生的科学态度与责任意识。学过的物理知识可能忘却，但科学态度与责任意识却会伴随学生的一生。我们的教育目标是培养人，传授知识只是其中的一部分，从这个意义上说，物理教师在教学中必须重视培养学生的科学态度与责任意识。[①]

1. 培养学生实事求是的态度

科学态度与责任的精髓是实事求是。世界是物质的，物质世界是客观存在的。人们只能不断地实事求是地探索、实践，思维、再实践去认识客观存在的规律。

1）实事求是地发现事实

在物理学中，任何一个结论或一种观点是否正确，检验的标准都是客观事实。1919 年，物理学家卢瑟福做了 α 粒子轰击氮核的实验，发现了质子。质子是 α 粒子直接从氮核中打出来的呢？还是 α 粒子打入氮核后形成复核，再发生衰变时放出来的呢？英国物理学家布拉凯特在云室里做实验，他从有 40 多万条 α 粒子径迹的两万多张照片中看到了分叉，终于证实第二种设想是正确的。这个事例告诉学生，任何一个结论的产生都不能脱离客观实际。实事求是地去发现事实就是一切从实际出发，既不夸大也不缩小，更不弄虚作假。

2）实事求是地运用规律

物理规律都是在一定的条件下被发现的，条件发生了变化，物理规律是否仍然适用呢？这要通过实验去验证。例如，在金属导电基础上总结出来的欧姆定律适用于电解液导电，却不适用于气体和半导体导电；理想气体状态方程适用于温度不太低、压强不太大的情况，而对接近饱和状态的气体却不适用。教师应引导

---

① 余莲贞 . 物理教学中培养学生的科学态度[J]. 读写算，2013(8).

学生实事求是地运用规律，注意物理定理、物理定律、物理公式的适用范围和成立条件，防止盲目套用公式、任意扩大规律的应用范围。

3）实事求是地遵守规律

物理规律是不以人的意志为转移的客观存在，我们可以利用规律，但绝不可以做违背规律的事。能量的转化和守恒定律是自然界的一个普遍规律，人们只能使能量从一种形式转化为另一种形式，或从一个物体转移到另一个物体，而不能无中生有地创造能量。

2. 在教学时空上注重对学生进行科学素养的培养

在教学中，教师要为学生的学习提供足够的时间和空间。首先，教师的教要让位于学生的学，要有利于学生的学，要做学生的合作者、引导者、服务者，而不是主宰者。课堂上要留给学生足够的自主学习和与同学合作交流的时间，还要宽容待生，让学生都能平等地参与教学，使学生克服心理障碍，大胆地质疑问题。其次，在教学中，要保护学生的好奇心和创造火花，不要以成人的眼光看待学生的世界。允许学生有不同的观点，允许学生失误和有错误，鼓励学生创新。再次，开拓知识领域，训练发散思维。科学素养的培养，是以丰富的知识为基础的。开拓学生的知识领域，学生有了广博的知识，就能发现各种知识之间的联系，受到启示，触发联想，产生迁移和联结，从而形成新的观点和新的理论，达到认识上的飞跃。开拓知识面，是培养学生科学素养的重要途径。开拓学生的知识领域，发展学生的创造性思维，培养学生的科学素养，首先必须为学生建立牢固的知识基础，培养基本技能。在物理教学课内，要狠抓"双基"的教学和训练，讲要精、学要透、练要巧、用要活，减轻学生不必要的负担，让学生扎扎实实学好课内的基础知识，练好基本技能，使学生有能力打开分析问题的思路。其次是鼓励学生求异和发散。求异思维是对一个问题，从不同的方向、不同的角度去探索不同解法的思维过程和方法；发散思维是在一定水平上，对一个问题从多角度、多侧面去思考问题的思维方法；求异和发散是创造性思维最重要的思维方法。在习题教学中力求摆脱习惯性认识的束缚，拓展思路，用一题多解、一题多变等多种方式，引导学生从不同角度和不同方向去思考，设想出解决问题的多种途径，以此培养学生的科学素养。

3. 结合物理学史，进行科学态度与责任意识教育

人类几千年的文明史，既记录了物理学产生、发展的曲折历程，也记录了许多闻名于世的伟大科学家和杰出人物事迹，这些都是对学生进行科学态度与责任意识教育的良好素材和生动实例，有利于培养学生艰苦奋斗、不断创新的精神。

法拉第经历无数次的失败，花费了近十年光阴，最终发现了电磁感应现象；居里夫妇经过近 4 年的艰苦奋斗，终于从数以吨计的矿渣中提炼出微量的纯镭盐，发现了放射性很强的镭元素。在物理学史上，这样的事例比比皆是。艰苦奋斗、不断创新的精神是伴随人类终生的巨大精神财富。

4. 在实践中培养学生的科学态度与责任意识

培养学生的科学态度与责任意识的重点和难点是使学生养成良好的科学习惯。教师的言传身教，对培养学生的科学态度与责任意识有耳濡目染的作用。教师讲解问题时，解题过程要规范，逻辑性要强；教师做演示实验时，操作步骤和误差分析都要实事求是；教师解答学生的问题时，如当时不能回答，之后一定要给学生一个负责任的回答；教师批改作业时，要尊重每个学生的劳动成果，给予其恰如其分的评价。

学生实验是培养学生科学态度与责任意识的很重要的环节。实验要有明确目的；器材工具要正确使用和维护；数据要如实记录；实验过程要按照步骤规范操作，实验结论要根据数据得出；同组者要协作；误差要如实分析；实验不成功，要找到原因，解决问题，继续实验，直至成功，绝对不能弄虚作假。

通过经常性的、有目的的严格训练，使学生由无意识到有意识，从不自觉到自觉，逐步树立起科学的态度，形成良好的科学习惯。

5. 在问题设置中注重对学生进行科学素养的培养

为了培养学生的科学素养，在习题、试题的设置上，要摒弃以往的偏题、难题、怪题和旧题，同时要注意做到以下几点。

(1)问题不能脱离生产、生活实际，要加强与科学社会技术的联系。

(2)不能单纯考查概念、原理，要结合具体问题考查学生对基本概念和原理的理解。

(3)不能单纯考查概念、规律，要强调考查运用所学知识分析、解决简单实际问题的能力。

(4)理论要联系实际，要切实加强与实验有关内容的考查。

(5)要从统一性答案到多样性答案，要适当增加开放性题目。

(6)不能只考查单一学科知识，要注意渗透各学科知识的考查。

(7)问题不能只注重结果，要注重得到结果的过程与方法的考查。

(8)问题不能与情感、态度和价值观无关，要注重与情感、态度和价值观有关的考查。

第四章　中学物理课堂教学的原则与方法

第一节　中学物理课堂教学的基本原则

从教育学中已经知道，教学原则是根据教育、教学目的，反映教学规律性而制定的指导教学工作的基本原则。各门学科的教学由于研究对象、研究方法和教学对象的不同，均有各自特殊的内容、方法和活动方式。对于中学物理教学，除应遵循教学过程的一般规律以外，还应依据我们对物理教学过程的本质、特点和规律性的认识，从物理学科本身的特点出发，结合中学生学习物理的心理因素和认知结构，发挥周围物理环境的作用来组织教学活动。我们认为，物理教学中的教学原则不应照搬教育学中提出的教学原则或只加一些实例、说明，应该把教育学原理与中学物理教学过程紧密结合起来，形成在中学物理教学过程中应当明确提出和切实贯彻的中学物理教学原则。这些原则可以初步提出以下五条。

(1)科学性、教育性、艺术性相结合的原则。

(2)激发学习兴趣的原则。

(3)创设物理环境、突出观察、实验的原则。

(4)启发思考、教给方法的原则。

(5)联系实际、联系生活的原则。

一、科学性、教育性、艺术性相结合的原则

在进行物理学这类自然科学的教学时，首先应当注重教学的科学性。无论是对物理现象、物理概念和物理规律的描述与表达，还是实验或练习题的内容、数据等，都应当是正确无误的。

教学的科学性，最重要的是要把概念、规律讲正确、讲清楚，还要教给学生一些分析、处理问题的正确方法。当然，这不是说要一次就把某个问题讲深、讲

透、讲全，而是要求不论在内容上和方法上都不应有科学性的错误。例如，研究放在斜面上的物体 B 所受的重力 G 的分解时，重力 G 有时可以分解为 F_1 与 F_2。F_1 与 F_2 是用来等效代替 G 的两个分力，它们仍然是地球对物体 B 的作用。如果说成"把重力 G 分解为压力 F_2 和下滑力 F_1"，这显然是科学性的错误。另外，在教学中如果向学生强调：以后遇到放在斜面上的物体时，重力 G 应分解为 F_1 与 F_2，这是一种"类型"，要求学生记住，这种做法也是不科学的。在处理物体沿斜面运动或有运动趋势的问题时，把重力 G 分解为 F_1 与 F_2，实质上是沿物体运动的切向和法向分解（中学教学开始时不应提切向和法向，而是讲沿运动方向和垂直运动方向），这样便于我们研究问题。力的分解就是为了便于研究问题而采用的一种处理问题的方法（等效代替法）。我们应当教给学生这种处理问题的方法，而不应当让学生去死记"类型"。否则，当研究物体 B 与斜面相对静止并一起沿水平方向加速运动时，仍把重力 G 分解为这里的 F_1 与 F_2，就使问题的解决更复杂了。

教学的科学性要求教师正确地应用术语。对于重要的物理概念或规律的阐述，一定要注意用语要正确，表达要确切。例如，讲比热容时，应当说"物质的比热容"，而不应当说"物体的比热容"；讲电场时，应当说"带电体周围的空间存在电场"，而不应当说"带电体周围的空间叫电场"等。当然，强调术语的科学性，并不是要求在上课时教师满口都是科学名词，像背书一样。我们应尽可能把课讲得通俗易懂，这与教学的科学性并不矛盾。当然，在使教学通俗化时，又要避免庸俗化，注意科学性。

教学永远具有教育性。在物理教学过程中，应该充分重视教学的教育性，充分并恰当地（不过分地）发掘教学中内在的教育因素，把教育性渗透在教学内容和各种教学活动之中。所谓教育性包括在政治、思想、品德等方面对学生的教育影响。政治方面的影响如爱国主义、社会主义和坚持四项基本原则等方面的教育。思想教育主要是世界观和人生观的教育。要培养学生辩证唯物主义的世界观和为人民服务的人生观。在物理教学中培养学生辩证唯物主义观点的基本途径：把物理知识的教学建立在辩证唯物主义方法论的基础上，向学生揭示物理现象和过程的本来面目，阐述物理知识内在的辩证关系，使学生通过具体物理知识的学习，逐步树立辩证唯物主义的观点。品德教育诸如实事求是、尊重事实、尊重科学、爱护公物、团结互助等。

教学还要有艺术性。所谓艺术性，指的是要讲究教学方法，把教学的科学性和教育性恰当而巧妙地结合起来，取得良好的教学效果。教学既然关系到人，涉及教师和学生，而人又有复杂的心理活动，涉及情感领域的诸多因素，这就不能只遵循一些科学原则，还要有科学所不能完全包括的因素，我们称之为艺术，忽略教学的艺术性是不全面和不妥当的。

科学性是根本、是基础；教育性渗透在科学性的教学之中；艺术性是使科学性的教学达到最优效果的途径、方法和技巧。三者之间相辅相成，构成统一的有机体。因此，中学物理教学要遵循科学性、教育性、艺术性相结合的原则。

二、激发学习兴趣的原则

在人的各种活动中，情感起着很大的作用。例如，令人喜欢的工作，就进行得顺利，甚至废寝忘食、不辞辛劳，而且成效显著、效率惊人。反之，令人反感的工作，就没有鼓舞力量，使人感到压抑厌倦，很少有成效，这也完全适用于学生的学习活动。

我们激发学生学习，就是要激发学生的学习动机。学习动机有两种：一种是外在奖惩所激发的(外在动机)，另一种是发自内心积极主动的学习要求(内在动机)。教学过程中，施教者(老师)要设法激发学生的内在动机。对于青少年学生来说，兴趣往往是他们学习的一种重要动力。如果我们引导学生对所学的知识、对所要研究和解决的问题产生浓厚的兴趣和求知欲望，他们就会以饱满的情绪积极主动地投身于探求知识、解决问题的学习活动中去，在积极的探索活动中，开动脑筋，克服困难，在知识的发现和问题的解决中，体验到探索科学的乐趣，激发起进一步探索科学的热情。这样，久而久之，就会逐渐形成探索科学的志趣。

应当指出，教师应善于运用学科知识本身的魅力去激发学生求知的兴趣和情感。这里，教师本身的情感对学生具有很强的感染作用。如果教师有强烈的求知欲，热爱物理这门学科，以饱满的情绪带领着学生去探索物理世界的奥秘，就会对学生的学习兴趣和情绪产生巨大的影响。

基于中学生的心理特点和中学物理的学科特点激发学生学习兴趣，应成为指导中学物理教学工作的一个基本要求。

三、创设物理环境，突出观察、实验的原则

在上节有关教学过程的分析和教学过程的规律性的论述中已经强调过：要让学生在物理环境中学习物理。只有在物理环境中，学生才有可能真正学到物理，也就是说要"识物树理"，而观察和实验是根据教学要求而创设的用以探索物理问题最适宜的物理环境。

认识物理现象和物理事实是学习物理知识的基础和出发点。在物理教学中，教师必须创造学习物理的环境，使客观事物、现象形象化，便于学生观察。学生通过观察、实验，对物理事实、物理现象和物理过程有了清晰而明确的印象，积累了大量的生动的、具体的感性知识和数据，发掘出有待探索的问题，就为进一步的思维活动提供了思考的线索和依据，在这个基础上，形成概念，认识规律。在科学研究中，同样也是如此。因此，无论是认识物理现象，还是形成物理概念和认识物理规律，乃至形成理论，都离不开观察和实验。观察和实验是物理学的基础，是物理学研究的主要方法之一，是获取物理知识的源泉。物理教学中的物理环境，正是对物理问题的研究过程的一个模拟和缩影。不进行观察和实验的教学，就会把本来生动丰富的知识变成一堆枯燥难懂的材料，学生只能学到一些僵死的、无用的结论，这样的教学，就不成其为物理教学。考虑到物理学的学科特点和中学生的基础，在中学物理教学中，必须努力创设物理环境，突出观察与实验的地位。

四、启发思考、教给方法的原则

观察和实验是学习物理知识的基础。要获得物理知识，还必须在这个基础上进行思维加工过程。即把观察、实验得到的感性认识和数据进行分析、比较、综合、抽象、概括，上升到理性认识，建立概念和规律，完成认识上的第一个"飞跃"。这个思维加工过程，必须按照物理学的研究问题的方法来进行，也必须符合中学生的心理特点和思维实际。中学物理虽不能全面地体现物理学的重要研究方法，但也渗透了不少初步的研究方法。例如，观察实验法，科学抽象概括法，比较、分析、综合的研究方法，运用推理、想象，定性或定量地研究问题的方法，研究问题的理想化方法，处理问题的等效法、类比法，运用初等数学表达概念或规律和进行推理论证的方法等。如果学生不学会这些方法，便很难做到对物理知识的真正理解和掌握，而且会越学越困难。对于中学生来说，他们开始学习物理，容易把过去学习数学或语文的方法用到物理学习中来，这就给物理课的教和学带来了很多困难。因此，在中学物理教学中，必须注重启发学生思考，自觉地运用物理学的方法组织教学活动。物理学的认识方法必须通过学生的学习方法去反映，使物理教学过程成为启发、引导学生运用物理学方法来提出问题、探索和研究问题的过程。在这个过程中，学生在学习知识的同时，经受了研究问题方面的初步训练。这样既教知识又教研究问题方法的教学，会使学生既学到知识又逐步开学习物理之"窍"，就会越学越爱学，越学越会学。

学习物理知识的目的在于运用。运用所学的知识来说明现象、分析和解决问题，这就是把学到的知识变成实际行动的过程，从而完成认识上的第二个"飞跃"。在教学实践中我们常常发现，有不少中学生对一些物理知识的学习并不感到很困难，但是在运用这些物理知识解释现象或解答问题时，往往不知从何下手。常常听到学生讲，老师讲的知识能听懂，就是不会用。分析其原因，一方面可能是对基本知识没有真正理解，另一方面更主要的原因往往是缺乏分析问题和处理问题的思路和方法。要知道，学生在学习中从"懂"到"会用"，这是认识上的另一个飞跃。完成这一认识上的飞跃需要教师的引导，这个引导过程主要是教给学生如何运用所学知识进行分析、处理问题的思路和方法。例如，应教给学生在解答物理问题时，首先要弄清有关的物理现象和物理过程的特征和条件，形成正确的物理图像；正确地选取研究对象，在分析物理过程的基础上找出相应的物理规律和公式，然后再进行有关计算，避免那种不加分析乱套公式的做法；在解释现象、回答问题时，用学过的知识对问题进行具体分析，抓住主要方面的特征和条件，进行推理和判断；正确地运用数学知识分析和解决问题；运用理想化、等效代替、近似处理等方法来处理物理问题；通过观察和动手实验来验证学过的知识，进行小制作或解决某些实际问题等。对于中学生来说，学会分析、处理物理问题的思路和方法，不是一件容易的事情，是需要教师的精心启发和引导的。引导不能只靠教师的讲（当然不排斥教师必要的剖析和示范），更主要的是要靠启发学生思考，引导学生练习。只有通过学生自己的思考和练习，才能完成这一阶段认识上的飞跃，才有可能逐步掌握分析、处理问题的思路和方法，并在这一过程中使学生的智力和能力得到发展。"启发思考、教给方法"，应当成为一条对中学物理教学的重要的基本要求。

五、联系实际、联系生活的原则

理论联系实际是我国中学物理教学的优良传统，我们应当把它很好地继承下来并加以发展。通过教学，要使学生通过学习物理科学具备适应现代社会生活的科学文化素养。只有使我们的教学认真做到联系实际、联系生活，才能保证所学的知识与它的来源、基础——自然界和社会生活不致脱节，学生掌握的知识才能够运用到实际生活中去。学生日常生活中所接触到的物理世界是丰富多彩的，有自然界的物理现象，有生产技术中的物理问题，有生活经验中的物理事实。目之所见，耳之所闻，都是主体和这些客体的相互作用，都可以成为学习中感性知识的来源。因此，在中学物理教学中，要善于从观察自然现象和研究社会生活实际中引出物理问题，把教学与生活、间接经验与直接经验结合起来；同时，创造多种多样的实践形式，由半独立到独立、由简单到复杂，引导学生把知识用于生活、用于实际，并注意培养学生手脑并用的实际操作能力。联系实际、联系生活的内容很广泛，既包括生产技术实际(这里应突出它所运用的物理原理，不涉及它的技术细节)，也包括日常生活中常见的物理现象，还包括与物理有关的社会经济问题(特别是有关当地的生产、能源、环境等实际问题)。通过教学，使学生体会到自然界和社会生活中处处有物理，认识科学、技术、社会之间的联系；学会了物理，能解释和说明多种自然现象，能解决社会和生活中遇到的一些实际问题；学物理既有趣，又有用。

总之，在中学物理教学中联系实际、联系生活，就能激发学生的学习兴趣和求知欲望，引导学生勤于观察、积极思考，因而知识学得快，学得活，掌握得牢，会运用；同时，从实际中发现问题，运用所学的知识去分析和解决某些实际问题，有利于培养学生运用物理知识解释现象、解决实际问题的能力，也有利于培养学生的创造精神。

因此，"联系实际、联系生活"，应成为指导中学物理教学工作的又一个基本要求。

上述五条教学原则不是孤立的，而是相互联系的，我们在教学过程中，要综合地加以贯彻。除了，上述五条教学原则外，在中学物理教学中，对于教育学中其他通用原则，如可接受性原则、巩固性原则、因材施教的原则等，当然也应认真加以贯彻落实。

第二节　中学物理课堂教学的常用方法

教学方法是随着教学过程的变化而逐渐发展的。正确地选择、恰当地运用教学方法，对顺利地完成教学目的、任务，具有重要的作用。

一、教学方法概述

教学方法是由教师和学生在教学过程中完成教学任务所采取的工作方式组成的方法体系，它包括教师的各种工作方式和学生的各种学习活动方式。

从这个定义来看，教学方法具有以下两个主要特点：①教学方法体现了教师活动和学生的认识活动的相互关系；②教学方法是为达到教学目的而进行的一种有组织的活动程序，是一种有秩序的活动方式体系。

科学地运用教学方法的目的是用最短的时间、最大限度地发挥学生的智慧潜力，在教学效果上做到高质量和高效率。

（一）教学方法和教学方式是两个不同的概念

教学方式是教学方法的细节，教学方法是由许多教学方式所组成的。例如，讲授是一种教学方法。当教师讲授时，可以做演示实验，让学生进行观察；可以叙述或描绘某个事件，解释某个现象，论证某个原理，其中演示、观察、叙述、描绘、解释、论证等，都是讲授方法的一些教学方式。

（二）教学方法不是一成不变的

教学方法随着生产和科学技术的发展、教学手段的改进而发展变化，随着不同的教学思想和教学内容的变革而发展变化，也随着对学生的学习规律和身心特点的不断认识而发展变化。

（三）选择、运用某种教学方法，绝不能凭教师的主观意向来确定

对教学方法的选择、确定是有客观基础的。教师应当根据培养目标的需求，具体的教学内容和要求，学生已有的基础和发展水平，学校的设备、条件，教师本人的特长和经验，并针对所要解决的矛盾的特殊性等，来选择行之有效的教学方法。无论选择哪种具体方法，都应促进师生之间的相互交流，激发学生的学习兴趣，引起学生积极的思维活动，有利于学生掌握知识、发展智能，提高思想品德素养。

（四）教学方法对教学工作的成败有特殊重要的作用

教学方法既需要思想性、科学性，又需要艺术性。这就是说，教学工作并不是简单地照本宣科，而是结合学生实际的一种再创造，是一种艰苦的劳动。同样一本教材，让具有同样知识水平的两个教师使用，由于教学方法上的得失，其教学效果往往产生很大的差异。

教师是整个教学过程的组织者和学生学习的指导者，要认真掌握学科的特点，根据教学要求，充分发挥教学设备、教材的作用，创设特定的教学环境，同时深入地研究学生的心理和思维特征以及不同学生的特点，有针对性地进行教学。具体采用的教学方法，要从实际出发，具体问题具体对待，不搞形式主义，要因时、因事、因地制宜，因人而异，积极试验，勇于创新。

二、近代教育史中教学方法的两大流派

历史上流传下来的教学方法是极其丰富的。这里不去追溯太远，只介绍近一

百多年来的两种具有代表性的教学思想和方法。

(一)赫尔巴特的教学思想和教学方法

赫尔巴特是德国著名的教育家。他提出了一整套教育理论体系，在教学方法方面曾提出了一些有益的见解。

赫尔巴特根据他对兴趣和注意规律的分析，主张教学应按一定的程序进行。他把教学程序分成四个阶段：明了、联想、系统和方法。无论哪个阶段，都应该注意学生的心理状态，选择恰当的教学方法。

1. 明了阶段

这个阶段的重点是采用清晰、简明的讲解和直观示范的叙述方法，使学生自然地把兴趣点、注意力集中在新的事物、新的观念上，对新的教材内容产生探求的意向。

2. 联想阶段

这个阶段的重点是采用风趣的谈话、分析的方法，使学生把所获得的新观念与原有的观念进行联想，激发学生寻找它们之间联系的浓厚兴趣。

3. 系统阶段

在这个阶段里，主要是采用综合法，使学生获得新、旧知识的内在系统联系和确切的定义、结论。

4. 方法阶段

这个阶段主要是通过练习和作业，注意处理方法，完成运用知识的任务。

根据以上四个阶段教学的需要，赫尔巴特提出了叙述教学法、分析教学法、综合教学法。

1)叙述教学法

这种教学方法主要适用于教师传授新知识，要求教师语言生动形象，善于启发提示，最好有直观教具相配合。

2)分析教学法

这种教学方法要求教师指导学生将获得的许多观念加以分辨、归类，找到使知识条理化的方法。

3)综合教学法

这种教学方法要求教师要教会学生把知识整理、概括成一个综合的整体，从而获得全面完整的系统知识，掌握知识之间的联系。

后来，赫尔巴特的学生席勒、莱因，根据当时传授知识的需要，把赫尔巴特的四个阶段教学程序，扩展为五个教学步骤：①预备，唤起学生已有的旧概念，提出问题，说明目的；②提示，提出新课题，讲解新内容；③联结，把新、旧知识相比较，建立它们之间的联系；④总括，总结，概括，得出结论；⑤应用，运用所学知识，解答问题，进行练习。

这就是教育史上著名的"五段教学法"。"五段教学法"在一定程度上符合人的心理规律和教学的某些规律，重视了新、旧知识的联系，注意根据学生心理状态、兴趣特点选用教学方法，强调通过练习作业巩固知识等，是有十分重要的积极意义。这种方法盛行于欧美，传入中国后，曾对中国当时的中小学教学产生了一定的影响。

（二）杜威的教学思想和教学方法

约翰·杜威是美国著名的哲学家和教育家，是实用主义教育思想的创始人。在教学方法上，他提出了"从做中学"的基本原则，他认为学生应该从自身的活动中进行学习，以使学生的兴趣和需要得到满足。

杜威强调在教学过程中要唤起学生的思维。他认为人的思维可以分为五个步骤：①疑难的情境；②确定疑难的所在，提出问题；③提出解决疑难问题的各种假设；④推断哪一种假设可以解决问题；⑤通过实验，验证或修改假设。

杜威认为思维的作用就是将模糊的、疑难的情境，转变为清晰的、确定的情境。

根据思维五步的观点，杜威提出了教学过程的五个步骤。

（1）教师给学生创设一个课题的情境，情境必须与实际经验相联系，使学生产生要了解它的兴趣。

（2）给学生足够的资料，使学生进一步观察、分析，研究该课题的性质和问题所在。

（3）学生自己提出解决问题的设想，或暂时提出一些尝试性的不同的解答方案。

（4）学生自己根据设想，进行推理，以求得解决问题的方案。

（5）进行实验验证，学生要根据明确的假设方案亲自动手去做，以检查全过程所达到的结果是否符合预期的目的。在做的过程中，学生自己发现这些设想、假设的真实性和有效性。

这就是著名的杜威"教学五步"法，杜威的教育思想和"教学五步"法，不仅对美国，而且对世界许多国家都产生了深刻的影响。杜威曾于1919年至1921年在中国的13个省、市进行了教育讲演和调查，对当时中国的教育产生过一定的影响。

在现代各种教学方法中，往往可以看到这两大流派的不同影响及其发展的影子。

三、中学物理教学中常用的教学方法

教学方法多种多样，其分类和命名也是一件复杂的事情。从不同的角度、不同的特征，采取不同的分类方法，对同一种教学工作方式体系可以给予不同的名称。如按教学工作任务来划分，有传授知识的方法，形成技能、技巧的方法，巩固知识、技能的方法，检查知识、技能的方法等；按获得知识的途径来划分，有口授法、直观法、实践法等；按教学中某一特点而形象命名来划分，有悬念法，暗示法，图示法等，不胜枚举。

下面，我们仍以前面所讲的教学方法的定义作为分类的依据，并考虑物理学科教学的特点，介绍中学物理教学中常用的教学方法。

（一）以讲授为主的讲授法

讲授法是教师主要用语言，辅以演示实验，向学生讲授知识的方法。其特点是主要通过教师的语言，适当辅以其他手段（如利用实物、挂图、演示实验等），使学生掌握知识，启发学生思维，发展能力。

讲授法在物理教学中是应用最广泛的教学方法，既用于传授新知识，也用于巩固旧知识；既可以描述物理现象，叙述物理事实，解释物理概念，又可以论证原理，阐明规律。讲述的内容系统性、理论性越强，采用讲授法的机会越多。因此，与初中相比，在高中教学中运用这种方法较为普遍。

运用讲授法时，教师要适当地利用实物、挂图等手段，尽量多做演示实验，并以生动、形象，富有感染力、说服力的语言，清晰、明确地揭示问题的要害，积极地引导学生进行思维活动。

学生的学习，主要是观察实物和演示的现象，按照教师指引的思路，对教师讲授的内容、事物、现象有明晰的印象，并积极地思考，达到对教材的重点内容有较深刻的理解，并从中学到一些研究问题、处理问题的方法。

应当指出，即使在科学技术发展突飞猛进、教学改革逐步深入的今天，在中学物理教学中，讲授法仍不失为一种主要的教学方法。要知道，在物理教学中正确的讲授法，并不是教师只用一支粉笔和一张嘴，按照物理课本中的叙述，在课堂上"照本宣科"，学生只是做做记录，像通常所说"教师念、学生记"的方法。这种看法和做法，实际上是对讲授法的一种片面理解。

讲授法要求物理教师通过各种直观演示，或以生动形象的事例唤起学生已有

的感性认识，系统地讲解物理知识，揭示事物的矛盾，讲解问题的关键、要害，教给学生处理问题的方法，引导学生积极思考，学会掌握物理知识的特点。在中学物理教学中，采用讲授法，应当做到如下几点要求。

（1）讲授的内容，必须处理得当，既要符合学生的实际水平，又要符合学生的认识规律。

（2）要创设学习物理必须进行观察的环境，即要加强演示实验。

（3）讲授时要突出重点，条理清晰，语言要直观、形象、准确、精练，能唤起学生头脑中已有的感性认识，并能激起学生积极思考。

（4）讲授知识，既要立足于发展学生能力，又要善于运用比较、分析、综合、概括、推理等思维过程和形式，把科学的客观性、逻辑性与一些艺术手法结合起来，使学生在学习知识的过程中，掌握发现问题、处理问题、解决问题的方法。

（5）教师要以身作则，通过讲授知识，潜移默化地对学生进行思想教育，培养学生实事求是、相信科学、热爱学习的高尚情感。

正确地运用讲授法需要投入巨大的创造性劳动。在实际生活中，由于师资、教材、物质条件的限制和其他因素，讲授法的质量可能不高，或者几乎成为中学物理教学的唯一方式，并使因循守旧、照本宣科等教学陋习有藏身之所。因此，在当前教学改革中要强调正确地对待和运用讲授法。

（二）以实验为主的实验法

把观察、实验这种人类对客观事物的认识方法，与物理学有机地结合起来，就构成了中学物理教学中常用的实验法。包括边讲边实验、学生分组实验、变演示为学生实验、学生课外实验、探索实验方法等。

实验法的特点主要是靠学生亲自动手做实验，把实验感知与思维活动紧密结合，从而获得知识、技能，发展智力，提高能力，特别是培养学生观察能力，实验操作技能，养成勤于动手、善于思考的习惯以及严谨的科学态度和实事求是的工作作风。

教师主要是创造实验条件和环境，指导学生动手操作，动脑发现问题、积极思考；学生在教师的指导下，亲自操作，进行观察、记录、分析、综合实验现象，归纳得出结论。

学生在进行实验过程中，教师不仅要在巡视中引导学生不断明确实验的目的和要求，而且要及时发现问题，防止不应发生的事故。不仅要引导学生利用已掌握的有关知识和经验，而且要善于根据情况的变化，灵活地运用知识。实验活动本身包含着复杂的认识活动，通过观察现象、亲自安装实验设备、使用仪器等各种实际操作，以及处理数据得出结论，并写出实验报告，可以逐步培养学生掌握知识、技能和进行观察研究、探讨的能力，提高分析问题和解决问题的能力。

实验法直观性强，所观察的事物、现象会在头脑中形成生动的表象，对知识的理解和保持，起着十分重要的作用，而且能够激起学生学习物理的兴趣，形成今后的爱好和志趣。

（三）以讨论为主的讨论法

讨论法是由教师根据教学需要提出问题，由学生事先准备，课上进行讨论，再由教师总结的一种教学方法。

讨论法的特点，主要是教师根据具体教学要求，事先提出问题，学生通过各种途径，除阅读课本外，一般还应阅读其他参考资料或其他版本的教材，必要时进行各种观察、实验或调查，收集资料，做好讨论前的充分准备。

这里应当指出，在中学物理教学中，如果只是在课堂上提出问题，当时就叫学生打开课本进行阅读，接着就进行讨论，最后全体学生一致同意课本上所叙述的结论。这是一种形式上的讨论，不能叫作讨论法。

讨论法必须要让学生在讨论前做好充分准备。学生的准备过程，就是独立地或半独立地自主学习的过程。通过讨论，可以相互交流、相互启发、集思广益、取长补短，从而达到从不同的角度来认识事物、现象，深入全面地理解所学的知识，这样学得的知识能够保持较深的记忆，讨论中还能增长新知识，开阔思路，活跃思想，增强兴趣。

讨论法的运用，对教师提出了更高的要求。

(1)教师必须在熟练地把握教材内容、教学要求，在学生学习容易遇到困难和障碍的情况下，提出恰到好处的讨论题目。同时，要充分估计在讨论过程中会出现的各种情况，以及准备如何完善地引导和解决问题的措施。

(2)教师要创设条件，并引导学生事先阅读课本和其他有关的资料，引导学生做一些实验，或进行对有关自然现象的观察，最好要求学生写好发言提纲，要有观点，有材料，有分析，有结论。防止讨论脱离主题，流于形式。

(3)讨论过程中，要善于启发学生独立思考，充分发表自己的见解，并能对不同的意见展开讨论。最后，教师要对讨论的问题做出明确的结论。

讨论法适用于学生接受起来不是最困难，但在理解、应用上常常容易发生错误的一些内容的学习上。

讨论法能充分调动学生的积极性，运用得当，能集中学生的注意力，课堂气氛活跃，对培养学生思维的敏捷性和灵活性，以及语言表达能力有独特的作用，也是培养学生自学能力的一种较好的措施。

(四)以发现为主的发现法

发现法是以发展探索性思维为目标，以再发现为步骤的教学方法。

发现法的特点：教师必须创设实验的条件，学生亲自进行探索，最后使学生不仅掌握知识本身的内容、特点，而且掌握获得知识的过程。

运用发现法的一般步骤。

(1)教师首先提出带有探索性的问题。学生带着问题进行实验，或观察一些具体现象。

(2)根据观察、实验的结果，或根据已知理论进行推理，提出有关现象的原因，概念之间和数量之间的联系等推测，再进一步思考，或再进一步实验。

(3)学生在教师引导下把已有的知识与研究的问题结合起来，进行对照、分析、抽象、概括，通过学生的探讨，得出结论。

例如，在"电磁感应"课题的教学中，教师首先在学生原有知识的基础上，提出新的思考问题：电流可以产生磁场，磁场能否产生电流呢？

学生在教师所创造的实验环境中，进行以下探索。

(1)做两个实验。将一个连有检流计的多匝闭合线圈，从一个固定磁场的两极间拉出，观察到检流计指针发生偏转。

(2)仍利用上述装置，让闭合线圈不动，而移动磁铁，同样观察到检流计指针发生偏转。学生通过上述实验，自然会得出结论：只要闭合线圈和磁场有相对运动，在线圈中必然产生感应电流。

(3)教师引导学生思考：上述结论是否正确？是否必然出现这个结论？

为了回答这个问题，仍需要再做一些实验，进行探索：在一个作用区域较大的恒定磁场内，使一个连有检流计的多匝小闭合线圈在其中水平运动，但不超出恒定磁场范围。学生会观察到无论线圈动得多快，检流计都没有指示。反过来，小线圈不动，而移动磁铁，检流计仍然没有指示。

这就是说，闭合线圈与磁场有相对运动，不一定会产生感应电流。这时，学生的探索工作虽然发现了磁场也可以产生电流，但是产生感应电流的条件究竟是什么呢？再进一步通过学生实验、思考，最后将会得出正确的结论。

上述的程序，如果不是由学生亲自做实验去探索，而是由教师结合实验讲解，当然也留有余地引导学生讨论得出结论，则可叫作探索发现式的边讲边实验法。然而叫什么名称是次要的，重要的是组织好学生的学习活动。探索发现法的关键是教师向学生提出要解决或探索的问题，引导学生去探求、去思考，以及去推测各种可能的答案，寻求问题的正确结论。

（五）以探究为主的探究法

探究法旨在将学生学习的重心从过分强调知识的传授向知识的探究过程转化，从学生被动接受知识向主动获取知识转化。

探究法的特点是学生主动参与，亲身经历探究过程。学生在探究活动中，学习物理知识与技能，体验科学探究的乐趣，学习科学探究方法，领悟科学的思想和精神。探究的要素有以下几点。

（1）提出问题（学生能发现与物理学有关的问题，并提出问题，或教师根据教学内容提出问题）。

（2）猜想与假设（学生对问题的解决进行猜想和假设）。

（3）设计实验或制订计划（为了证实自己的猜想，制订实验方案，考虑实验的变量及其控制方法，尝试选择实验的装置与器材）。

（4）进行实验或收集证据（通过实验如实记录实验数据，或通过公共信息资源收集材料、数据）。

（5）分析与论证（对实验数据进行分析处理，尝试根据实验现象和数据得出结论，对实验结果进行解释和描述）。

（6）评估与反思（尝试分析猜想与假设跟实验结果之间的差异，吸取经验教训，改进探究方案，或注意探究活动中未解决的矛盾，发现新问题，并写出实验探究报告）。

（7）表达与交流（学生能用语言、文字、数据、图表等方式表述探究的过程和结果，能倾听和尊重他人提出的不同观点和评议，并交换意见）。

这里应当指出：某些探究过程只包括其中的几个要素，而且也不一定按上面呈现的顺序进行。探究法的实质是学生主动参与，由问题或任务出发，展开学生的学习活动，学生通过观察、实验、调查等多种形式的活动，收集信息、处理信息、分析论证、得出结论；通过表达、交流、修正或改进，使学生逐步形成严谨的科学态度和科学道德，以及对社会的责任感和使命感。

探究法有利于培养学生的问题意识、信息意识、研究意识、合作意识。

四、各种教学方法的比较和综合运用

教学方法有多种多样，每一种方法都有自己的特点，各有其适用条件和适用范围。也就是说，每种方法都有各自的局限性。把某一种方法说成是放之四海而皆准的最佳方法，过分地强调其作用，或把某一种教学方法说得一无是处，过分地贬低其作用，都是错误的。例如，美国布鲁纳的"知识结构"课程理论提倡的发现教学方法，能够有效地培养学生探索能力、认识能力和创造能力，是具有特色的。美国物理教学研究会根据这种理论方法，组织编写并出版了中学物理教材《PSSC 物理》，在当时引起了世界各国的极大重视。经过几年的实践表明，这种方法虽然对培养学生探索知识、发现规律、训练思维推理能力等是有益的，但由于学生的基础、能力等因素不同，教师的素质、条件，学校的设备、环境不同，运用这种方法的效果也是不同的。特别是在全体学生中，所有的教学内容都运用这种方法，效果很不理想，甚至会给很多学生带来不必要的痛苦。

因此，正确地认识各种教学方法的功能和效果，在具体教学中，根据教学目的和要求，以及各方面的实际情况，特别是学生的实际情况，选用不同的教学方法，对提高教学质量具有十分重要的意义。

对教学效果的分析，充分说明了教学实践中将各种教学方法结合运用的必要性。这是因为以下几点原因。

（1）方法多样化能使学生在学习过程中调动各种感官的作用，从而使感知更加敏锐、有效。

（2）方法多样化能保证学生充分利用左、右半脑的不同功能，增强记忆，并锻炼各种方式的思维活动，有助于学生对知识的理解，有益于发展学生的能力。

（3）方法多样化能提高学生认识活动的积极性，有利于调动学生学习的主动性，为认识能力的全面发展创造条件。

（4）方法多样化有利于提高学生的学习能力，提高学习质量和效率。

总之，教学方法是多种多样的，各有其特点，只要运用得恰当，是可以达到预期效果的。值得指出的是，不区分教学内容的特点和教学要求、学生的年龄特征和智力水平基础以及教学环境、教学条件，千篇一律地采用一种方法是不妥的。教学方法的选择必须从实际出发，绝不能单凭个人的主观意愿来确定。

五、改革教学方法的指导思想

教学方法虽然是由许多具体的教学方式和手段构成的，但又不是各种方式和手段的简单叠加，它总是由一个指导思想贯穿，形成一个体系。

我们通常所说的启发式或注入式，主要是从教学方法体系的指导思想来说的，它不是指一个具体的个别的教学方式或手段。

启发式，就其指导思想来说，是以学生为学习的主体，相信学生愿意学习，能够学好，同时强调教师的作用，从实际出发，要求学生在各种活动中积极地思考，亲自动手、动脑，完成认识上的两个飞跃。即使是教师讲解，也要引导学生经过分析思考，充分发挥学生学习的主动性和积极性。

注入式，就其指导思想来说，是把学生当作简单地接受知识的容器，使学生完全处于一种被动地位，使学生的思维缺乏灵活性和创造性。过分地强调或夸大教师的作用，忽视学生学习的主动性，认为学生获取知识、发展能力的主要途径是靠教师的讲解，教师不讲，学生不会，在这种思想认识的前提下，即使采用探索发现法的方式和手段，实际执行的仍然是教师的命令和讲解。

具体的教学方法是多种多样的，但是无论哪种方法，都带有不同程度的启发因素。这些因素能否在实际教学中发挥出来，取决于教师运用教学方法的指导思想是注入式还是启发式。

不能把启发式简单地理解为提问的方式，这是对启发式的形式主义理解。即使在教学中教师经常提问，也不一定是启发式教学。相反地，在教学过程中教师没有向学生提出问题，而是通过讲授诱导学生积极思考、积极动手操作，也可以是启发式的教学。

总之，不要看形式，而要看实质。启发式指导思想的核心是相信学生学习的积极性、主动性，调动学生通过亲自观察、实验，积极地进行思维活动，达到掌握知识、发展能力的目的。

具体地讲，就是要启发学生的学习兴趣、求知欲和热爱科学、勇于攀登高峰、克服困难的意志，启发学生进行观察、实验，了解现象，取得资料，发现问题；启发学生积极思维，建立概念，发现规律；启发学生掌握方法，认识本质，运用知识解决问题。

为了达到该目的，除端正教学思想、明确意义之外，关键还在于处理教材、选择材料。

选择材料的要求如下。

(1)富有代表性，通过学习这个问题，能概括一部分教学内容。

(2)富有启发性，既有兴趣，又能引人深思；既不是学生所陌生的，又不是学生完全认识、理解的。也就是说，要解决这个问题，既不是唾手可得，又不是高不可攀。一旦问题得到解决，不仅能给学生留下深刻的印象，而且能让学生经常回味。

(3)富有成果性，既能使学生看到自己的学习成果，得到精神上的满足，进一步激发主动学习的求知欲望，又能使学生掌握知识、技能和方法，提高学习能力。

要创造学习物理的环境，使客观事物、现象形象化，便于观察，积极思考。同一个问题，在不同的场合下，对不同的学生，采取不同的提法、不同的程序，这样将取得较好的效果。

第五章 中学物理课堂教学的模式与实施

第一节 物理课堂教学模式概述

课堂教学模式是教学论发展中的一个新的研究课题，从乔伊斯和韦尔发表《教学模式》专著起，教学模式的研究已经被越来越多的学者和专家关注。而了解教学模式的历史发展有助于人们对当代各种教学模式的理解，有助于人们把握教学模式的发展趋势。

一、课堂教学模式的定义与演变

（一）模式与教学模式

"模式"一词是英文 model 的汉译名词。model 还可译为"模型""范式""典型"等。"模式"一词是现代科学技术中的一个术语，指介于经验与理论之间的一种知识系统，是"再现现实的一种理论性的简化了的形式"。把模式概念引入教育学理论中来，反映了现代教学论研究的一种新的发展趋势，即运用现代科学方法论，综合地探讨教学过程中各种变量间的相互作用及其多样化的表现形式，动态地研究教学流程中各个环节的构成样式及其具体的操作程序。

"教学模式"一词，现已被广泛使用，但关于它的界说、它的内涵却有着各种各样的解释，概括起来可以分为四种。第一种认为教学模式属于教学方法范畴，有人说教学模式就是教学方法，也有人说"常规的教学方法俗称小方法，教学模式属于大方法"。第二种把教学模式归入教学程序之内，认为"教学模式是教学过程中一种相对稳定的教学程序，即教学工作应当遵循的步骤"。第三种认为教学模式与教学结构的概念有关。如有人说"教学模式是在一定的教学思想和教学理论指导下在实践中形成的教学活动的基本结构"。有人则说"教学模式是在一定的教学思想指导下，围绕着某一主题及其涉及的各种因素和关系，对教学结构进行组合的方式"。第四种观点以美国的乔伊斯为代表，认为"教学模式，是构成课程和课业，选择教材、提示教师活动的一种范型或计划"。

上述几种观点，反映的仅是教学模式的不同侧面，而没有反映出它的本质。

持"教学方法"说者，是将教学模式简化了，教学模式包含了教学方法，但绝不是一般意义上的方法，也不是各种教学方法的综合。

持"程序"说者和"结构"说者，仅是将教学模式纳入教学过程和教学结构的范畴，也非严格的科学定义。而范型或计划，指的只是教学模式的外在表现形式，并不能说明其内涵特征。

从总体上分析，教学活动的构成可以分为静态与动态两大部分。其静态结构主要是教师、学生、教学内容三个基本要素在教学活动中的地位、作用与相互作用。其动态结构则是教学流程中的组织方式与程序安排。任何一个教学活动的静态和动态结构形式，总是在一定的教学理论指导下，依据一定的教学目标构建的。由于教学理论或教学目标的不同，教学过程中诸要素的组合样式、教学程序的结构方式以及实施方法也不同。教学模式就是在一定的教学理论或教学思想指导下，通过教学实践抽象概括而形成的一种教学体系。它既不是纯粹的教学理论，也不是具体的教学方法，而是理论与实践的结晶，是把一定的理论转化为实践，又把实践提升为理论的中介桥梁。从本质上看，它属于教学方法论范畴。

(二)教学模式的演变

"教学模式"这一概念与理论是在 20 世纪 90 年代出现的。不过在中外教学实践和教学思想中，很早就有了教学模式的雏形。

古代教学的典型模式就是传授式，其结构是"讲——听——读——记——练"。其特点是教师灌输知识，学生被动机械地接受知识，书中文字与教师的讲解几乎完全一致，学生对答与书本或教师的讲解一致，学生是靠机械地重复进行学习的。

到了 17 世纪，随着学校教学中自然科学内容和直观教学法的引入，班级授课制度的实施，夸美纽斯提出应当把讲解、质疑、问答、练习统一于课堂教学中，并把观察等直观活动纳入教学活动体系之中，首次提出了以"感知——记忆——理解——判断"为程序结构的教学模式。

19 世纪是一个科学实验兴旺繁荣的时期。赫尔巴特的理论在相当程度上反映了当时科学发展的趋势。他从统觉论出发，研究人的心理活动，认为学生在学习的过程中，只有当新经验与已经构成心理的统觉团中概念发生联系时，才能真正掌握知识。所以教师的任务就是选择正确的材料，以适当的程序提示学生，形成他们的学习背景或称统觉团。从这一理论出发，他提出了"明了——联合——系统——方法"的四阶段教学模式。以后他的学生又将其改造为"预备——提示——联合——总结——应用"的五阶段教学模式。

以上这些教学模式都有一个共性，它们都忽视了学生在学习中的主体性，片面强调灌输方式，在不同程度上压抑和阻碍了学生的个性发展。所以在 19 世纪 20 年代，随着大工业生产的发展，强调个性发展的思想的普遍深入与流行，以赫尔巴特为代表的传统的教学模式受到了挑战，应运而生的杜威的实用主义教育理论得到了社会的推崇，同时也促进了教学模式向前推进了一步。

杜威提出了"以儿童为中心"的"做中学"为基础的实用主义教学模式。这一模式的基本程序是"创设情境——确定问题——占有资料——提出假设——检验假设"。这种教学模式打破了以往教学模式单一化的倾向，弥补了赫尔巴特教学模式的不足，强调学生的主体作用，强调活动教学，促进学生发现探索的技能，获得探究问题和解决问题的能力，开辟了教学模式的新路。

当然，实用主义教学模式也有其缺陷。它把教学过程和科学研究过程等同起来，贬低了教师在教学过程中的指导作用，片面强调直接经验的重要性，忽视知识系统性的学习，影响了教学质量。因此在 20 世纪 50 年代受到了社会的强烈批评。

20 世纪 50 年代以来，随着科学技术的发展，教育面临着新的科技革命的挑战，促进人们利用新的理论和技术去研究学校教育和教学问题。现代心理学和思维科学对人脑活动机制的揭示，发生认识论对个体认识过程的概括，认知心理学对人脑接受和选择信息活动的研究，特别是系统论、控制论、信息加工等理论的产生，对教学实践产生了深刻的影响，也给教学模式提出了许多新的课题。因此这一阶段在教育领域出现了许多新的教学思想和理论，与此同时也产生了许多新的教学模式。

二、课堂教学模式的特征与结构

课堂教学模式是教学活动的基本结构，每个教师在教学工作中都在自觉或不自觉地按照一定的教学模式进行教学，了解课堂教学模式的特征和结构，有助于教师在教学过程中更好地运用。

(一)课堂教学模式的主要特征

教学模式作为一个完整的功能系统，有区别于其他系统的特征，课堂教学模式的主要特征包括以下几个。

1. 指向性

任何一种教学模式都是围绕着一定的教学目标设计的，而且每种教学模式的有效运用也需要一定的条件，因此不存在对任何教学过程都适用的普适性的模式，也谈不上哪一种教学模式是最好的。评价教学模式的标准是在一定的情况下达到特定目标的就是有效的教学模式。因此，教学过程中在选择教学模式时必须注意不同教学模式的特点和性能，注意教学模式的指向性。

2. 操作性

课堂教学模式操作性的特点是指任何一种教学模式，都应该是便于把握、理解和运用的。教学模式如果不具有操作性，就难以让人把握、模仿和学习，以致教学模式难以发展到今天比较完善的层面。同时，教学模式是一个程序，是一套完整的系统，应用教学模式在一定层面上说就是要按照一定的程序和规范来进行教学活动。

3. 开放性

教学模式是随着教学实践、观念和教育理论的变化而不断进步的。虽然教学模式一旦形成，其基本构架就具有一定的稳定性，但是，这并不意味着一种教学模式的构成要素、内部结构就不会发生变化。一个教学模式的形成初期，它只是一个雏形，很多东西还不完善，需要在实践中不断地检验和完善。五段教学模式的发展历史，就可以充分说明了这一点。赫尔巴特最初提出的是四段教学模式，但是他的学生在日后的实践中不断获得新的经验、新的观念，从而把四段教学模式中的第一段分为两步，逐步形成了现在的五段教学模式。

4. 完整性

教学模式是教学现实和教学理论的统一，所以它有一套完整的结构和一系列的运行要求，体现着理论上的自圆其说和过程上的有始有终。它是一定教学理论的简要形式，又是一个完整的过程与体系。

5. 稳定性

几乎所有教学模式的定义中，都强调了教学模式应具有相对稳定性。这是因为教学模式不是从个别的、偶然的教学实践中产生出来的，它是对大量教学活动的理论概括，在不同程度上揭示了教学活动的普遍性的规律。而且，从实践角度看，科学性、普遍性是稳定性的基础，只有具有稳定性，才有可行性。但是，教学模式的稳定性是相对的。一定的教学模式总是与当时的社会经济发展水平相一致的，总是和人们对教学的理解相关的。人们对教育的目的看法发生变化，教学手段随着科技水平的提升发生变化，教学模式也会不断地发生变化。

6. 灵活性

教学模式具有相对的稳定性，这并不否认教学模式具有一定的灵活性。教学模式的灵活性，一方面表现为对学科特点的充分关注，另一方面则表现为教学方法的多样化。由于教学模式中的程序需要起到普遍参照的作用，因此一般情况下教学模式并不涉及具体的学科教学内容，而只是对教学内容的性质提出特定的要求。同时，教学模式作为某种教学理论或思想在教学活动中的具体表现形式应受到学科特点、教学内容的影响和制约，不能不考虑学科特点、教学内容的主动适应。

（二）课堂教学模式的基本结构

任何教学模式都有其内在的结构。教学模式的结构是由教学模式所包含的诸因素有规律的构成的系统，完整的教学模式一般包括以下几方面的要素。

1. **理论依据**

教学模式是一定的教学理论或教学思想的反映，是一定理论指导下的教学行为规范。不同的教育观往往提出不同的教学模式。例如，概念获得模式和先行组织模式的理论依据是认知心理学的学习理论，而情境陶冶模式的理论依据则是人的有意识的心理活动与无意识的心理活动、理智与情感活动在认知中的统一。

2. **教学目标**

任何教学模式都指向和完成一定的教学目标，在教学模式的结构中教学目标处于核心地位，并对构成教学模式的其他因素起着制约作用，它决定着教学模式的操作程序和师生在教学活动中的组合关系，也是教学评价的标准和尺度。正是由于教学模式与教学目标的这种极强的内在统一性，决定了不同教学模式的个性。不同教学模式是为完成一定的教学目标服务的。

3. **操作程序**

每一种教学模式都有其特定的逻辑步骤和操作程序，它规定了在教学活动中师生先做什么、后做什么，各步骤应当完成的任务。

4. **实现条件**

实现条件是指能使教学模式发挥效力的各种条件因素，如教师、学生、教学内容、教学手段、教学环境、教学时间等。

5. **教学评价**

教学评价是指各种教学模式所特有的完成教学任务、达到教学目标的评价方法和标准等。由于不同教学模式所要完成的教学任务和达到的教学目的不同，使用的程序和条件不同，当然其评价的方法和标准也有所不同。

三、物理课堂教学模式介绍及举例

（一）情境教学模式

1. 情境教学模式简介

1）界说

情境教学模式是指在教学过程中，运用各种教学媒体创设以渗透教学为目的、充满美感和智慧的情境，并利用暗示、移情的原理帮助学生感知具体形象，形成表象，掌握知识，并且通过具体场景的体验，激发起积极的情感。与其他教学模式不同的是，情境教学模式通过创设具体情境，将学生置于某种特定的氛围中，形成一种心理环境，使学生产生移情效应，获得在其他情况下无法得到的情感。这样，从刺激学生第一信号系统出发，由感知深入到思维和情感领域，引起认知与情意的变化。

2）理论基础

情境教学模式的心理学基础是人本主义心理学理论。人本主义心理学的代表人物马斯洛和罗杰斯，他们把人作为一个有思维、有情感的统一体加以研究，也就是说，作为教育对象的学生是健全的、完整的人，他们的认知、行为和情感是紧密相连的统一体，在很大程度上，人的情感会对认知和行为起决定作用。

人本主义心理学强调人的潜能和价值，反对把学生看作知识的被动接收者，认为教学要以学生为中心，把注意力放在人身上，创立良好的学习气氛和环境，促进学生发挥内在潜能，实现其创造价值。人的潜能和价值与社会环境的关系是内因和外因的关系。潜能是主导因素，是价值的基础，环境则是限制或者促进潜能发挥的条件，因此，创设良好的环境是促进学生内在潜能和内在价值发挥的重要途径。

情境教学模式在理论方面还吸收了活动课程理论。活动课程理论十分重视教学中师生之间的合作关系与情感交流，认为在教学过程中要充分调动学生的积极主动精神，发挥学生的潜能。因此，在师生共同参与活动的过程中，教师或学生越少意识到自己在那里施教或受教就越好。虽然活动课程理论就传授知识的系统性而言，存在着很大的局限性，但是重视创造活动环境，在激发学生情感、培养学生思维习惯和解决问题的能力方面却有着积极意义，为情境教学模式提供了一定的理论依据。

3）教学原则

教师在运用情境教学模式时，要遵循情境适应原则、情境激发原则以及情理统一原理。

情境适应原则。情境教学的基础是要为学生提供必要的恰当的情境。情境教学的一个重要特点就是要运用多种教学媒体，把与教学内容有关的情境全貌呈现在学生面前，让学生在整体情境的把握中展开认知。但是，出现的情境必须符合学生的知识背景和认识能力，把需要解决的问题及要形成的概念，有意识地巧妙地寓于恰当情境之中。这些情境要有充分的适应性，必须适应学生的认知水平，这样，学生才会主动地去适应情境，引起兴趣，达到智力活动的最佳状态，完成对情境问题的探究。因此，情境设置要符合三个要求：情境信息要有一定量度，情境问题要有一定难度，情境所包含的问题要符合学生探究深度。

情境激发原则。情境教学的关键是要设法使学生的情感激发，达到移情境界。情感是与人的意识紧密联系的内心体验，具有强烈的情境性、稳定性和长期性。学生的情感，不能用灌输的方式或强制的手段培养，只能通过具体的情境来激发，产生情感共鸣。情境教育所设的情境，首先要注意渲染具有一定力度的氛围，使学生对客观情境获得具体的感受，从而激发起相应的情感。然后，自己的情感不由自主地移入教学情境的相关对象上；随着情境的延续，学生的情感逐步加深，最终由于情感的弥散渗透到学生内心世界的各个方面，最为相对稳定的情感的价值取向逐步融入学生的个性之中。

情理统一原理。情境教学的目的，一是激发情感，二是形成认知。因此，情境、情感、理智三者的和谐统一，是教学追求的最佳境界。情理统一原理包括两方面内容。首先，情境教学的创设必须要体现一定的知识、概念和规律，引导学生进入角色，激起情绪，引发思考，从具体形象感知中产生真挚情感，达到情感与理智的统一。这个过程是一个统一的、和谐的教育过程。其次，情感的激发并非孤立地进行，而是与发展认知、掌握知识结合在一起。在学习的原始动机里，在具体活动中和最后的效果上都有着学生的情感。

2. 操作程序

情境教学是生动、具体、形象的教学模式，运用情境教学模式时，一般分为四个阶段。

第一阶段：创设情境。创设情境要以教学目标、教材许可程度和学生已有条件为出发点，其类型大致可以分为两种：一种是实在的情景，主要通过教学媒体来创设，一般有以下几种：实物媒体、光学媒体、音响媒体和影视媒体。另一种是虚拟的情境，如通过角色扮演、戏剧表演、形象模拟等方法，创设一种教学情境。

第二阶段：观察想象。面对情境设置，学生需要在教师指导下，有目的、多角度地观察，使头脑中积累的旧知识和观察到的表象重新组合。这一环节是情境教学的关键，是使教师的教与学生的学相互融合的基础与条件。

第三阶段：激发情感。激发情感与观察是同步进行的。教师除了要有意识地利用情境激发学生情感外，还要发展学生的积极情感，引导他们去探究问题，并且适时进行思想教育。

第四阶段：情能转化。在教学组织中，创设情境是基础，观察想象是方法，激发情感是动力，情能迁移是目标。情能转化就是让学生的学习由情境体验转化到智能发展上来，其转化方法就是应用。智能发展有三个水平层次：第一是掌握；第二是活用，学生能将所学到的知识在新的情境中灵活运用；第三是创造，学生将知识应用到新情境中并有创新。

（二）尝试教学模式

尝试教学模式的做法是在课堂教学中，教师先不对学生进行教学内容的讲解，而是大胆地让学生试一试，做对了很好，做错了也无妨。学生在尝试之后，教师根据学生在尝试中存在的问题再进行针对性的讲解。

1. 尝试教学模式简介

1）界说

尝试教学是指让学生在尝试中学习，成功地改变了传统的教学模式，不是先由教师讲解，把什么都讲清楚了，学生再做练习。而是先由教师提出问题，学生在旧知识的基础上，自学课本知识和互相讨论，依靠自己的努力，通过尝试练习去初步解决问题，最后教师根据学生尝试练习中的难点和教材的重点，有针对性地进行讲解。在现代的教学条件下，把教师的主导作用和学生的主体作用有机结合起来，创设一定的教学条件，使学生的尝试活动取得成功。

根据尝试教学的实质，可以把尝试教学模式分为三类：基本模式，它主要适用于一般情况的常用教学模式；灵活模式，它是灵活运用基本模式的变式；整合模式，它是把尝试教学模式和其他教学模式整合起来的模式。

2）尝试教学模式的理论基础

尝试教学是将学生作为学习的主体，因此，它主要体现了以学生为本的思想。

（1）充分体现以学生发展为本的思想。现代教学论的核心是以学生发展为本。教学必须建立在充分尊重学生、相信学生的基础上。尝试教学模式的核心是学生能尝试、尝试能成功、成功能创新。这些观点的提出，表明了教师充分相信学生，尊重学生。

传统的教学模式认为学生是无知的，教师必须把知识讲得明明白白、清清楚楚，学生才能够理解和掌握，在此基础上，才能让学生进行练习。这种讲授、练习的教学模式在一定程度上体现了教师对学生的不尊重、不信任，教师不相信学生经过尝试可以自己掌握知识。尝试教学模式让学生先试做练习，这是充分发掘学生的潜能、激发学生的学习智慧的体现。因此，它充分体现了以学生发展为本的教育思想。

（2）符合学生认知规律和教学规律。尝试教学模式的提出问题——学生尝试——教师指导——学生再尝试——再实践——解决问题的过程充分符合学生的认知规律，也反映了实践——认识——再实践的知识获得的规律。

尝试教学模式的一个特点就是根据学生的认知规律，把学生的认知过程放在课内完成。这样可以保证学生的尝试活动在教师的指导下进行，教师可以有目的、有步骤地为学生创设尝试的条件；学生在尝试过程中发生困难或发现错误，教师可以及时辅导和帮助。

2. 操作程序

尝试教学的一般操作规程为准备练习、出示尝试题、自学课本、尝试练习、学生讨论、教师讲解、第二次尝试练习七步。

第一步：准备练习。这一步是尝试教学的预备阶段，要做好两个准备：心理准备和知识准备。心理准备是指要创设尝试氛围，激发学生进行尝试的兴趣。知识准备则是因为新知识都是在旧知识的基础上引申发展起来的，尝试教学的奥秘就是用"七分熟"的旧知识，自己学习"三分生"的新知识。所以必须准备"七分熟"的旧知识。为了使学生有可能通过自己的努力解决尝试问题，必须要为学生创设尝试条件，先进行准备练习，然后以旧引新，突出新旧知识的联结点，为解决尝试题铺路架桥。

第二步：出示尝试题。这一步是提出问题，是为学生的尝试活动提出任务，也是确定尝试的目标，让学生进入问题的情境之中。提出尝试题是尝试教学的起步，它将影响全局。编拟、设计尝试题是应用尝试教学法的关键一步，是备课中应当着重考虑的问题。

第三步：自学课本。出示尝试题不是目的，而是诱导学生自学课本的手段，起着引起学习动机、组织定向思维的作用。学生通过自学课本，自己探索解决尝试题的办法，这是培养学生独立获取知识和能力的重要一步。在自学课本这一步中，学生的主体作用得到充分发挥，它同教师的主导作用和课本的示范作用有机地结合在一起。因此，这一步不是简单地让学生看看书，而是一个复杂而重要的教学过程。

"自学课本"是尝试教学的第一次尝试，是让学生通过自己阅读课本，尝试探索解决问题的思路和方法，从而去解决尝试题。在这一步中要注意以下几项。

自学课本首先，要得到时间上的保证。要让学生有充分的时间进行自学，不能因为时间紧而让自学课本流于形式。在现实中，有些教师只留极少的时间给学生进行自学，学生只能初步地看看书本后就进行尝试做题了，这严重影响了尝试教学的效果。

其次，自学课本需要引发学生的兴趣。兴趣是学生学习最好的导师。尝试教学过程中教师要注意激发学生的兴趣，将从教师要求学生自学转变成学生自己要进行自学，要从课本中寻找自己需要解决问题的答案。

最后，学生自学课本还需要教师对学生进行指导。学生由于学习能力还没有达到一定的水平，因此，在自学的过程中，教师要对学生进行指导。由于学生的学习能力有差异，教师对学生的指导也要因学生能力的不同而有所不同。对自学能力强的学生教师只要提示一下重点就行了，对学习能力中等的学生教师可以在学生自学过程中适时进行指导，而对自学能力不强的学生则要一步一步领着学生进行学习。

第四步：尝试练习。出示尝试题是诱导学生自学课本的手段，尝试练习则是检验自学课本的结果。这一步在尝试教学模式中起着承上启下的作用。搞好尝试练习这一步的关键，在于教师要及时掌握学生的反馈信息：学生做尝试题正确与否？错在哪里？有几种错法？什么原因？学生对本节课的教材内容哪些理解了，哪些还有困难？学习有困难的学生做尝试题的情况如何，困难在哪里？

学生在做尝试练习时，教师要勤于巡视，一方面及时了解学生的解题情况，掌握反馈信息；另一方面及时辅导学习有困难的学生。

第五步：学生讨论。尝试练习后，发现学生有做对的也有做错的，已经了解到他们理解新知识的情况。学生讨论要求学生说出解题思路，以验证自我尝试的正确性。通过这一步，能培养学生的语言表达能力，发展学生思维，加深理解教材，同时也会暴露学生在学习新知识的过程中存在的缺陷，为教师有针对性地重点讲解提供信息。讨论一般从评议尝试题开始着手，讨论时不能就题论题，应该联系预先布置的思考题进行。

第六步：教师讲解。教师从尝试练习、学生讨论中得到学生理解新知识的程度的反馈信息，在此基础上，教师再进行有针对性的重点讲解，这是保证学生系统掌握知识的重要一步。

教师的讲解要适度。由于学生在前面已经有了自学基础，在尝试练习的过程中也暴露出了自己的弱点，因此教师在讲解的时候要根据学生暴露出的问题有针对性地进行讲解，而不是将课本的知识再从头到尾讲一遍。有针对性地讲解一方面提高了教师的时间利用率，另一方面也提高了学生学习的效率。

第七步：第二次尝试练习。这一步是对学生的学习状况再做一次了解和把握。第一次的尝试练习是在学生自学课本的基础上进行的，学生是在对课本知识自我了解的情况下完成的。而第二次的练习则是教师在对学生第一次暴露问题的基础上，在学生领悟的基础上进行的。通过第二次尝试练习，教师可以再一次了解学生掌握新知识的信息，以及通过练习巩固和加深学生对新知识的理解。当然，第二次尝试练习的问题既与第一次尝试练习的问题有着相关联系，又有适度的变式。

在第二次学生尝试练习后，教师同样也要对学生的尝试情况组织学生进行探讨，根据反馈信息进行个别指导。

尝试教学模式的七个步骤是一个紧密相连的有机整体。七个过程通过教师一步一步地引导，学生在自主学习的基础上掌握新知识，温习旧知识。

（三）探究教学模式

1. 探究教学模式简介

1）界说

关于探究教学的思想最早可以追溯到苏格拉底的"产婆术"和孔子的"启发式教学"。而为探究教学奠定了思想基础的还是法国教育家卢梭，他提出了人与生俱来就有探究欲望的观点。美国教育家杜威最早提出了"问题学习法"，要用探究的方法学习科学，还概括出了科学探究的五个步骤。杜威的五个步骤使探究教学从理论层面向实践层面推进了一大步。

施瓦布认为探究性学习是指这样一种过程：学生在对客观事物进行探究的过程中，通过自身积极主动的思维活动，自主地参与知识的获得，发展探究意识和掌握研究自然所必需的探究能力；同时形成认识自然所必需的科学概念，进而培养探索未知世界的积极态度。

2）理论支撑

美国芝加哥大学施瓦布教授以"科学的本质是不断变化的"为前提，最早提出了"探究性学习"方法。他在"作为探究的科学"和"通过探究教学"理论的基础上建构了研究性学习理论，指出研究性教学是"对探究的探究"。他主张不能把科学知识当作绝对的真理教给学生，而应作为有证据的结论；教学内容应当呈现学科特有的探究方法，如解决问题的方法、探究叙事等，教师应当用探究的方式来教授知识，学生也应通过探究活动展开学习，即在学习科学的概念原理之前，先进行探究活动，再根据自己的探究提出科学的解释。

发展建构主义十分重视学生的主体地位、积极性与主动性，并认为学习不是被动地接受信息的刺激，而是主动地建构意义，是根据自己的经验背景，对外部信息进行主动选择，通过新旧知识经验间的反复的、双向的相互作用而获得自己的意义。在探究教学模式中，学生是学的主体，教师是教的主体，是整个教学活动的设计者、组织者和引导者。教师的主导地位不能削弱。教师对问题理解的深度、广度以及解决问题的速度等，一般都要强于学生。探究教学是在教师的启发引导下，学生积极主动地完成知识的建构。教师是启发式地教，学生是探究性地学，两者的有机统一构成探究性学习。辩证建构主义理论认为教学的意义是指导发展，而不是跟在发展的后面发生影响。这些都为探究教学模式奠定了理论基础。

3）教学原则

教师运用探究教学模式要遵循学、退、悟三个原则。

所谓"学"是指教师要研究学生，研究学法。备课时，教师不仅要认真地钻研教材，还必须研究学生遇到这些问题时，将会怎么想，怎么做，进而探究如何引导学生打开思路。总之，教法要受学生支配，服务于学生，按学生探究的规律去教，才会使学生学得主动，学生也才能主动探究。

所谓"退"是指探究法着眼于能力，要让学生循序渐进，要使学生善于挖掘自身知识和思维的潜力。"退"，就是把未知转化到已知。由新忆旧，化抽象为形象，由一般举出特例，把复杂分解为简单，"退"到已知和已有能力的基础上。"退"是探究法的主要特征之一。"退"的目的是为了打开思路，"退"的关键是"转化"。常用的九条"退"法为观察、举例、画图、分解、温故、逆向、反面、比较、猜想。

所谓"悟"是指解决问题，学会研究。"悟"的关键是"调节"。学生思维的主动性发挥出来了，思路开阔了，必然出现"放"的形式，其中有正确的，也有错误的，就是要通过比较评价，择优集中。对错误的要正视，要引导，要以错为鉴，就要出现"收"的形式。这是要善于调节学生，调节过程，使课堂有张有弛，有进有退，有对有错，有快有慢，相辅相成。学会调节，才能学会学习，学会探究，才能领悟理论。指导学生"悟理"，就要发挥教师的主导作用，及时进行反馈调节，引导学生思维集中，组织检验评价。培养学生领悟理论的"进"法，主要是调节、集中、评价和优化。

2. 操作程序

1）激疑设疑

这一阶段是指根据教学的要求，利用教材或学生已有知识经验，启发学生提出问题，或由教师归纳学生关心的问题提出探究的课题。由于提出的问题关系到整个探究过程的意义和价值，因此问题必须有针对性、实用性和解决的可能性。这一阶段的目的是明确解决什么问题，其作用是定方向。在教学中要求具有吸引力，以利研究活动的准备。激疑设疑的时间不长，一般占整个教学过程的10%左右。

2）强化动机

提出问题和定向以后，并不是每个学生都能自觉地、积极地投入探究活动的，这就需要教师强化学生的内在动机，调动学生的积极性和主动性。因此，应强调解决所提出问题的重要意义和必要性，使学生的学习动机从单纯兴趣向自觉探究转化。在教学中，要求具有感染力和激发力，以利探究活动的展开。这一阶段时间一般占整个教学活动的10%左右。

3）分步探究

这是探究教学过程中最重要的阶段。它在提出问题和强调问题的基础上着手解决问题，即是使学生明确怎么样解决问题，其作用是懂方法。在教学中这一阶段要求具有说服力，以利探究活动的深入。这一阶段占整个教学过程的80%左右，具体又可分为以下四步。

第一步：授法。中心内容是明确怎么样解决问题，即明确解决问题的要领。其作用在于促使学生领悟方法，时间约占分步探究阶段的10%。

第二步：探究。这一步的中心工作是逐步深入解决问题，进行活跃的探究活动，其作用在于引导学生试用方法，时间约占分步探究阶段的50%，是探究过程的中心环节。

第三步：应用。这一步中心内容是学习自行解决问题，即运用上一步中获得的经验举一反三解决类似或相关的问题，它是探究成绩的巩固，又是探究效果的检验，其作用在于帮助学生学会方法，时间约占分步探究阶段的30%。

第四步：小结。中心内容是明确今后如何解决问题，既要总结探究活动的基本收获，得出结论，又要为学生今后解决类似或相关问题导向引路，其作用在于进一步让学生牢记方法，时间约占分步探究阶段的 10%。

3. 应用建议

探究教学模式改变了传统的教师讲授、学生接受的单一的知识传递局面，它让学生自己寻找解决问题的办法，自己寻求问题的答案。因此，教师在探究式的课堂教学特别重视开发学生的智力，发展学生的创造性思维，培养自学能力，力图通过自我探究引导学生学会学习和掌握科学方法。在探究式教学中，教师主要扮演的角色是学生的导师，教师的主要任务是调动学生的求知欲和积极性，促使学生能够自己去发现问题、提出问题、分析问题进而解决问题，培养学生的探究能力。在学生的探究过程中，教师要适时进行指导，帮助学生解决在探究过程中遇到的困难，为学生的探究提供帮助。

同时，在探究过程中，教师要创造一个有利于探究教学的环境。受传统教育形式的影响，学生习惯了接受式的教学，对于进行探究式教学，部分学生可能会有一定的惰性，不愿意改变，因此，教师要在班级中营造一种探究学习的氛围，为探究教学做好思想上的准备，从而促进探究的开展。

在探究式教学中，学生是探究式课堂教学的主人，他们要根据教师提供的条件，明确探究的目标，思考探究的问题，掌握探究的方法，敞开探究的思路，交流探究的内容，总结探究的结果。因此，在探究式教学中，教师要充分发挥学生的主体作用，要从学生的实际出发，运用多种教学方法调动其探究欲望，提高其探究能力。

第二节　高中物理研讨式教学与学生科学思维能力的培养

一、高中物理研讨式教学

问题既是学习的起源，又是选择知识的依据，还是掌握知识的手段。以问题解决为导向的高中物理研讨式教学就是以解决物理问题为中心的教学方式。通过由教师创设问题情境，然后师生共同查找资料，研究、讨论、实践、探索，提出解决问题的方法，使学生掌握物理知识和实验技能。它包括自学式、讨论式、启发式、专题式、课题制式、文验研究式和讲授式等多种具体教学方式。

（一）研讨式教学的意义

高中物理新课程标准明确指出：高中物理课程是普通高中自然科学领域的一门基础课程，旨在进一步提升学生的物理核心素养，为学生的终身发展奠定基础。课程标准提倡教学方式多样化，促进学生自主学习，创设学生积极参与、乐于探究、善于实验、勤于思考的学习情境。

高中物理研讨式教学是培养学生科学素养，促进学生自主学习比较有效的教学模式之一，由湖南师范大学郭汉民教授在教学改革实验中提出与探索出来的一种新的教学模式。

研讨式教学应以学生为主体，教师为主导，遵循启发性原则，循序渐进原则，将教师的知识传授与学生的能力培养相结合，保证师生平等，和谐共进，教学相长的境界。

（二）研讨式教学的实施要求

1. 教学内容

研讨式教学不是唯一的教学模式，也不是一切教学内容都需要用此模式进行教学。只有学生已经具有较好的基础知识，而新知识又是在原有知识的基础上加以分析、归纳后能总结的教学内容，才适宜用此方法进行教学。

研讨式教学的短期目标是培养学生灵活、综合应用物理规律去解决问题的能力，培养学生主动与他人合作，尊重他人，能基于证据和逻辑发表自己的见解的能力。长期目标是发展学生的思维能力和智慧品质。所以，这种教学模式主要应用于部分综合应用知识的新课、练习课和复习课中。

2. 学生

研讨式教学是以学生为主体的一种教学方式。学生对问题的准备、归纳、探讨与总结，贯穿于整个教学过程中。研讨式教学要求绝大多数学生积极参加问题的解决过程，只有条件成熟的讨论，才能使绝大多数学生受益，否则将会过多地延缓教学进程而实效甚微。要顺利开展研讨式教学，对学生本身的素质和能力也提出了一定的要求。学生不仅要具有扎实的基础知识和总结归纳的能力，更重要的是应具有相对独立地进行讨论的思维能力和语言表达能力。很明显，如果学生的知识贮备和表达能力还不足以进行自主研讨，教师最好不要贸然采用此方式开展教学。

3. 教师

要培养学生的研讨能力和自主学习能力，教师要避免一言堂、满堂灌的习惯及填鸭式的教学风格，要有以学生为主体的民主思想和民主作风。在平时教学中，要多通过提问、讨论、派代表发言等方式，对一些典型的问题进行较深入的讨论，培养学生敢于表达的习惯。平时要通过复述、口头小结、书面总结等形式训练学生的口头表达能力和总结归纳能力。教师在日常授课中对学生哪怕是错误的回答，也要肯定其正确因素和敢于发表意见的品格。

此外，教师必须认真备课，精心设计研讨问题和教学过程，教师除对所讨论的知识应非常熟悉外，自身的素质要能适应这种教学方式的要求。教师必须有一定的组织能力、应变能力和归纳能力，要更多地了解学生实际，向学生学习，不断总结经验教训，学会及时、恰当地随机处理研讨中的问题，努力提高自己的教学灵活性和多样性。

（三）研讨式教学的实施过程

1. 准备研讨的知识内容和主题

提出合适的研讨内容和主题是研讨式教学的准备环节，是讨论得以顺利进行的先决条件，也是讨论能收到实效的关键之一。研讨的内容与主题须具备下面两个要点。

（1）问题具有典型性和针对性。要抓住理解和应用知识的关键提出问题。问题的素材主要来源于两方面：一是教师对教材的钻研和经验积累；二是来自学生自学、练习中提出或暴露的问题和观点，由教师收集、整理和提炼。例如，老师先根据复习进度确定复习内容的主题"电磁感应中的动力学和能量问题"，该主题涵盖了高中物理最重要的几个知识板块，综合性非常强，突破该知识主题，能够让学生对高中物理的重要概念与规律得到深刻的理解，能够让学生得到处理问题的典型思路和方法，同时训练了学生的思维能力，使学生在知识和能力发展方面起到举一反三、触类旁通的作用。

（2）问题的深度、难度、广度要与学生的知识和能力水平相适应。问题太简单，学生不经讨论就可得出完善准确的结论；问题太难，超出学生的实际水平，使学生茫然。这样的问题都没有研讨的价值。涉及的知识要从学生已有知识出发逐步接近到"最近发展区"。把教师的经验与学生的知识水平相结合，才能提炼出来的研讨问题。

2. 指导学生课前的知识贮备

在研讨式教学的准备工作中，课前准备是非常重要的环节。如果学生对要研讨的内容没有良好的知识贮备，就难以在课堂上进行有序而热烈的交流和探讨。教师要指导学生抓住课堂研讨的重点内容，对提前掌握哪些内容做到心中有数。

要指导学生学会设计研讨学案，明确课堂研讨学习的计划和要求，并通过自主学习及小组合作等多种形式，完成课堂研讨交流所需的知识贮备。教师还要帮助学生总结一些有关物理学习的行之有效的方法、技巧，确保学生在学习过程中能够有针对性地提高学习效果。

3. 组织课堂研讨

这一过程是教学过程的重点或核心。研讨任务和内容确定后，教师要组织学生进行个人或小组或全班的研讨和交流，讨论的组织形式要与讨论的层次相适应。讨论的主体是学生，应主要由学生自己立论和评议。要最大限度地发挥学生讨论的积极性和创造性，这样才能使学生对概念和规律的理解达到生动、深刻、经久不忘的程度，才能使学生在思想方法和思维发展上的收获是通过内因起作用而得到的，因而也才可能具有较强的迁移能力。

研讨式教学要求教师充分发挥主导作用。这种主导作用不仅表现在教师课前选题和对教学过程的设计中，更重要的是表现在对讨论恰如其分的及时引导和按制讨论进程。为使讨论始终沿着正确的方向而获得理想的结果，一方面教师要善于启发，特别要及时鼓励那些敢于发言和勇于争论的学生，使讨论不断引向深入；另一方面，还要留心观察，把握动向，针对出现的问题，抓住时机，予以适当的点拨。在不同层次的讨论中，教师引导和控制的深度应有所不同，但教师的一切引导和控制，是为了加强而不是削弱学生在讨论中的主人翁地位，不要过早支持正确意见或否定错误意见。

4. 归纳小结

课堂研讨结束后，要对学生研讨的思路与方法，过程与效果做出评价，肯定学生在讨论中迸发出来的思想火花。点评应着眼于学习评价和行为评价两方面，发挥导向作用。既要评价学生对知识的理解应用，思想方法和过程，表达的逻辑性和科学性，又要让学生懂得尊重别人的意见并得体地表达自己的意见，学会在讨论中相互启发，取长补短，增强合作意识，同时根据学生已掌握的情况对相关知识结构做出提炼和严谨的归纳与总结，让学生能够在已有水平的基础上获得更高层次的知识构架和思维方法。

研讨式教学作为一种新的教学模式，是教育观念转变的一个具体体现。研讨式教学坚持以学生为本，强调主体发展的教学观念，在培养学生创造能力和提高学生的综合素质方面具有现实意义。当然研讨式教学也存在一定的局限性和弊端，但绝不影响其存在的意义。研讨式教学在实施的过程中收到了较好的教学效果，但在应用过程中还应不断总结经验，不断地完善。

二、学生科学思维能力的培养

"科学思维"是从物理学视角对客观事物的本质属性、内在规律及相互关系的认识方式，是基于经验事实建构物理模型的抽象概括过程；是分析综合、推理论证等方法在科学领域的具体运用；是基于事实证据和科学推理对不同观点和结论提出质疑和批判，进行检验和修正，进而提出创造性见解的能力与品格。培养学生的科学思维能力是高中物理教学的一项重要任务。

（一）重视理想模型的建构和应用，培养建模能力

所谓物理模型就是在研究物理问题的本质时采用的一种简化描述或模拟的方法。

1. 物理中的两类理想模型

（1）关于研究对象、装置或条件的理想模型：质点、弹簧振子、单摆、理想气体、点电荷、匀强电场、理想变压器等。

（2）关于运动过程的理想模型：匀速直线运动、匀变速直线运动、平抛运动、匀速圆周运动、简谐运动、弹性碰撞、等温过程、绝热过程等。

2. 模型建构的五个层次

（1）能说出简单物理模型。

（2）能在熟悉情境中应用常见物理模型。

（3）能在熟悉情境中选用恰当物理模型解决简单问题。

（4）能将实际问题中的对象和过程转换成物理模型。

（5）能将较复杂实际问题的对象和过程转换成物理模型。

例如，高中物理课程的第一个理想模型是质点。经历质点模型的建构过程，了解质点的含义，知道将物体抽象为质点的条件，能将特定实际情境中的物体抽象成质点。

3. 在教学过程中培养学生的建模能力

（1）教学中注重对物理模型的认识和理解。物理模型的建立是舍弃次要因素，把握主要因素，化复杂为简单，完成由现象到本质、由具体到抽象的过程，而模型的本身又具有直观形象的特点。物理模型是科学性和假定性的辩证统一，物理模型不仅再现了过去已经感知过的直观形象，而且要以先前获得的科学知识为依据，经过判断、推理等一系列逻辑上的严格论证，所以，具有深刻的理论基础，即具有一定的科学性。理想模型来源于现实，又高于现实，是抽象思维的结果。

（2）确定物理情景进行过程列式，引导学生构建模型。物理模型的建立是高

中物理教学的需要，是帮助学生认清事物内在本质的需要，也是培养学生解决问题、分析问题的需要，更是培养学生思维品质的需要，因此要求教师在教学过程中不断渗透建模的意识、建模的方法，帮助学生形成建模思维能力与习惯，通过纷杂的现象看清事物的本质。

(二)重视科学推理的过程和结论，培养推理能力

由一个或几个已知结论推出另一个新结论的思维方式，称为科学推理。

高中物理课科学推理的常见方式有归纳推理、演绎推理和类比推理。高中物理用得较多的是归纳推理和演绎推理。

归纳推理是由个别性判断推出一般性判断的推理。运用归纳法的步骤有三点。

(1)收集材料：通过观察、实验得到大量数据。

(2)整理材料：将材料归类，得出反映问题特征的判断。

(3)抽象概括：经过分析、比较，排除无关因素，抽象出本质因素，概括出一般规律。

演绎推理是由一般性判断推出个别性判断的推理。运用演绎法的步骤是根据一般规律，通过分析，在一定的限制条件下，运用数学手段得出个别的特殊性规律。

(三)重视科学论证的过程和方法，培养论证能力

任何一个论证都是由论题、论据和论证方法三个要素构成的。

1. 论题

论题是通过论证要确定其真实性的判断，它所要回答的是"论证什么"的问题。论题一般有两类：一类是科学上已被证明的判断，对于这类论证，其目的主要是宣传真理，使人们确信某个论题的真实性；另一类论题是科学上尚待证明的判断，对这类论题的论证，其目的在于探索论题的真实性。

2. 论据

论据是用来确定论题真实性的判断，它是使论题成立并使人信服的理由或依据，它所回答的是"用什么来论证"的问题。可作为论据的判断一般有两类：一类是已被确认的关于事实的判断，另一类是表述科学原理的判断(包括定义、公理、定律、原理等)。有些论证是分层次的，在确定某一判断(论题)的真实性过程中，如果引用的论据(第一层论据)本身还不是具有明显真实性的判断，就要引用其他判断(第二层论据)对这些论据进行论证。如此类推，还可以有第三层论据、第四

层论据等。在一个论证中，只能有一个论题，论据一般有多个。

3. 论证方法

论证方法是指论据和论题之间的联系方式，即论证过程中所采用的推理形式，它所回答的是"怎样用论据论证论题"的问题。一个论证过程可以只包含一个推理，也可以包含一系列推理。常用的论证方法有：事实论证、理论论证、比较论证、比喻论证、因果论证等。

科学论证是科学教育的核心内容。把科学论证作为课堂教学的内容，让学生经历类似科学家的论证过程，引导学生完成这一再生产的过程，可能多花了一些教学时间，却让学生增加了一份真切感受，收获了一份成长。

（四）倡导高层次的质疑和批判，培养创新能力

质疑的行为大致可以分为两个层次：一是对知识了解不够，没有弄懂，无法解决具体问题，提出疑问，这是低层次的；二是发现所观察到的现象与已有认知不吻合，或者发现已有认知之间不能自洽，从而对现有认知的科学性和合理性提出疑问，以至于萌发出新的猜想，这是高层次的。应倡导高层次的质疑行为，历史上物理学的重大发现都是由高层次的质疑行为引发的。

物理学需要批判性的思维。批判是一种思维过程，具有积极思考、自主分析和提出新见解的特征，通过求证、反思等手段，培养学生合理质疑和科学批判的能力。物理教学应培养学生的问题意识，有意识地训练学生的质疑和批判能力、以提高学生的科学思维品质，促进其学科素养的提高。批判性思维是创新思维与创造力的必备条件。

创新，是指在前人发现、发明的基础上，提出新的见解或观念，采用新的策略和方法、技术，开辟新的领域，创造新的事物或得到新的发现和发展。创新主要追求的是突破、新异和独特。创新思维是指人们对未知事物有创造性的思索。创新思维需要人们突破思维定势，把已掌握的知识、信息加工整理或重组，从新的角度寻找解决问题的思路和方法，达到成果创新的目标。平时教学时可从以下方面培养学生的创新能力。

1. 创设宽松的教学环境

陶行知先生说"只有民主，才能解放大多数人的创造力，而且使大多数人的创造力发挥到最高峰"。民主宽松的物理课堂，有利于生动活泼的互动、合作、探究氛围的形成。教师以合作者身份，投身于学生创新探索中去，积极鼓励他们大胆想象，耐心宽容地倾听每个学生正确或者是片面甚至是错误的想法，只有这样学生才会心情舒畅、兴趣盎然、思维活跃，激发智慧的火花。

2. 构建正确的师生关系

物理教学是学生探索物理新知的过程，更是学生培养、演练创新思维的过程。教师一定要恰到好处地扮演好主导角色，要让教师的主导作用更好地为突显学生创新主体作用服务。实际教学中，教师要精心设计具有探索性的问题台阶，鼓励学生积极思维，大胆尝试，拾级而上。引导其独立思考，自主创新，让学生充分体验到物理知识的探索发现和形成过程，习得物理学家做学问、做研究的思想方法，为培养学生物理创新思维奠定基础。

3. 实施科学的教学方法

平时教学时可以实施问题教学法、探究教学法、发现教学法、开放式实验教学等科学方法，注重学习方式的多样化、学习场所的随机化、思维方式的发散化，以充分解放学生的思想，调动学生的学习积极性，打开学生创新思维的翅膀。还可以开辟第二课堂，开展课外小制作、小设计活动，让学生的创新思维放飞课外。

高中生物理创新思维的培养，是高中物理教育的根本任务，更是高中物理教学改革势在必行的重要切入点。只要我们更新教育观念、教学策略和方法，尽力营造适合学生创新的教学氛围，注重挖掘他们的创新潜能，激发他们的创新热情，强化他们的创新意识，发散他们的创新视角，就能使他们的物理创新思维能力得到有效的培养和发展。

第三节　翻转课堂在物理教学中的应用

随着信息技术的不断发展和新课改的不断深入，许多教育工作者努力把翻转课堂引入教学活动中。翻转课堂是利用信息技术来实现教育创新的成果，已经成为国内外教育改革的新浪潮。翻转课堂重构了教学结构，知识的传递在信息技术的支持下也得以完成。通过探究基于翻转课堂理念的物理教学模式，在目前物理教学基础上总结并设计出适合物理教学特点的翻转课堂教学模式。

一、翻转课堂理论

"翻转课堂"（flipped classroom 也译作颠倒课堂、颠倒教室），即任课教师提供以教学视频为主要形式的学习资源，通过信息化网络环境传递给学生，学生在课程开始前完成对教学视频等学习资源的观看和学习，师生在课堂上一起完成作业答疑、协作探究和互动交流等活动的一种新型教学模式。翻转课堂教学模型将知识传授与知识内化的模式进行转变，将传统课堂中需传授的知识部分转移至课前完成，知识内化过程则由原先课后练习活动转变成课堂中的学习探究活动。

二、基于翻转课堂的物理教学模式

物理翻转课堂教学模式与一般翻转课堂教学模式在整体结构上一致，都包括课前学习、课堂活动阶段。但由于物理课程的教学内容包含较多基本知识和实验操作知识，现实生活中的物理知识实践性较强，因此在每个不同阶段又有一些不同之处。

1. 课前教学阶段

(1)教学准备阶段准备教学视频。对于物理课程中经典实验和原理的讲解，教师可以选取网络上的优秀教学资源，但应注意这些网络资源与课程目标是否一致，教学内容是否完整。教师最好能自行录制教学视频，时间控制在 20 分钟以内。教学视频内容应具有针对性，去除与课堂教学不相关的信息。

(2)上传在线测试题目。课前练习题的设置应以知识内化和提升为主。教师在制订课前针对性练习时，要充分考虑学生已有的认知结构，合理设计练习题的数量和难度，练习题的数量不应过多，难度要适中。通过网络平台设置一定的完成时间和完成要求，从而帮助学生解决做题速度慢的问题。

(3)上传相关教学资源。根据学生认知发展的需要，教师会在网络教学平台发布本次课程的相关教学资源，包括提高练习题目和扩展知识资料。这部分内容是教师要在课堂上讲解的部分，难度相对较高。学生根据自身能力，在学有余力的情况下尝试完成提高练习。

(4)查看反馈信息。教师通过平台查看反馈信息，这里的反馈信息包括三个方面。第一，是对学生观看视频后所反馈的信息的查看，以帮助教师了解学生掌握的情况。第二，是对学生在线测试信息的反馈。第三，教师可以查看师生互动平台的学生题目，有针对性地了解学生在学习中遇到的问题，从而帮助教师更好地了解学生的学习情况。

2. 自主学习阶段

(1)观看视频。学生通过网络平台观看教学视频，并根据自身情况控制观看进度与不会或者没有理解的内容可以停下来反复观看，或者记录下来向教师和学生请教。

(2)观后评价。本研究突出学生学习的主体地位，不仅强调了教师对学生的评价将给予学生评价教师的权利。

（3）在线测试。这一部分是对学习内容的综合运用，是对学生逻辑思维能力的提升训练和相关知识的巩固。在学生开始答题之前，系统会提示教师要求的时间和正确率，为学生设定答题目标。在时间到达时，不允许学生继续答题，学生可以通过网络查看习题的正确答案。

（4）自由学习，浏览平台资源。学生完成教学视频观看和在线测试任务之后，平台赋予学生进行在线自主学习的权限，学生可以观看教学相关视频、教师上传的课件等教学资源，也可以提前下载课堂练习题目进行练习。

3. 交流反馈

互动交流平台为教师和学生的即时交流提供了帮助，学生可以将各自学习中遇到的问题和心得收获发布到平台上来，与大家分享。对于学生解决不了的问题，教师应通过平台及时了解并有针对性地进行讲解。

（三）组织课堂活动

1. 学习情况总结反馈

在课程开始时，教师应对课前学习阶段的学习情况进行总结。对完成较为优秀的学生进行表扬，并对学生在互动交流平台提出的问题进行归类讲解。通过这样的方式，对学生的学习行为进行规范和监督，同时也是对在网络平台学习过的知识进行回顾，为后续课程的开展作铺垫。

2. 课堂教学活动

（1）自主实验探究。课堂实验部分分为两个阶段：第一阶段是学生对视频展示实验的操作，帮助学生巩固已学内容，锻炼动手能力；第二阶段是教师根据实验教学目标设计探究任务，提出具体要求，学生通过现有的知识和器材进行探究实验。翻转课堂的实验探究加深了学生对相关知识的理解，让学生更加专注于实验的操作和结果的讨论。

（2）知识综合运用。在物理课程教学中，课后作业和习题的难度相较于课堂学习的内容难度要高，所以学生在完成课后习题或者作业时觉得比较吃力，耗费的时间较长。实际上，学生课后习题练习的过程是学生养成物理思维、提高逻辑思维能力、构建知识体系的重要过程。在这一过程中学生更加需要教师的辅助和帮助。

三、基于微课的翻转课堂在物理教学中的尝试

在传统的课堂教学中，教师与学生的关系通常是教师教、学生听，教师的讲解占用了课堂的绝大部分时间。这种传统的课堂教学模式不利于调动学生学习的

自主性和积极性，容易造成课堂教学沉闷的局面。微课和翻转课堂都是目前课堂教学改革的热门词汇。在翻转课堂中，学生先利用微课资源在课前自主学习，教师后在课堂上辅导，凸显了微课的作用。微课的产生，本身保证了翻转课堂的可操作性，但如何把微课和翻转课堂更好地结合在一起，逐步发展为一套行之有效的教学模式，还需要继续探索。本节从笔者的实际教学出发，以"摩擦力"一课为例，简单阐述基于微课的翻转课堂在教学中的尝试和改进。

（一）基于微课的翻转课堂

1. 微课的内涵

微课即微课程，我国最早提出微课概念的胡铁生教师将微课界定为，按照新课程标堆及教学实践要求，以教学视频为主要载体，反映教师在课堂教学过程中针对某个知识点（如重点、难点、疑点、考点等）或教学环节（如学习活动、主题、实验、任务等）而设计开发的一种情境化、支持多种学习方式的新型在线网络视频课程。微课的核心是微视频，时长为5～10分钟，同时还包括微教案、微习题和微课件等。

2. 基于微课的翻转课堂

基于微课的翻转课堂教学模式，能够充分发挥和利用微课的优点，创新性地解决网络教学问题，教师在课前备好课和课件，设计好教导方案，制作好微课视频，和学习任务一起发布，并适时与学生在线互动，解答问题，记录相关情况。上课时主要是创设情境，引导学生合作学习，答疑解惑，帮助学生养成自主学习的良好习惯。而学生作为主体，课前根据导学案，观看微课视频，自主学习，提出问题，积极思考，在课堂上则针对自学过程中遇到的困难和问题与教师和学生探究讨论，必要时作适当的成果展示，促进知识内化。

基于微课的翻转课堂在物理教学中的尝试，笔者以人教版初中物理八年级第八章第三节"摩擦力"一课为例，叙述基于微课的翻转课堂的教学模式在物理教学中的具体应用。本节课的具体思路是这样的：课前通过导学案和微课视频，让学生感知摩擦和知道摩擦力的方向与作用点，课中则通过小组合作，实验探究本节课的重点和难点，即滑动摩擦力的影响因素，并观看改进实验后的微课视频。

（1）课前：教师准备学习资源和学生观看微课，按照导学案自主学习。

第一，根据"摩擦力"一课的具体内容进行学情分析和教材分析，设计导学案，导学案中包括具体的学习任务、学习目标和课前练习。在本节内容中，整体的构思是从力的三要素：大小、方向和作用点三个方面去认识摩擦力。而课前部分的主要目标和任务是先激发学生的学习兴趣和求知欲望，让其感知摩擦力，丰富其感性认识，然后知道摩擦力的方向和作用点。

第二，根据教学目标和教学内容，教师制作了三个课前的微课。第一个微课的主要内容是"筷子提米"，通过生活化且十分有趣的实验导入新课，激发学生的学习兴趣和求知欲，并让学生在家中模仿操作，检验真假。第二个微课的主要内容是通过动手操作，亲身感知摩擦力，视频演示用手按在桌面上滑动，用手指模仿脚走路时的情境。第三个微课的主要内容是利用牙刷在桌面上移动，观察刷毛摆动的方向，从而知道摩擦力的方向和作用点。

第三，学生课前在导学案的指导下，需要逐步按顺序观看微课，知道摩擦力在我们日常生活中非常常见，并能举出几个实例，知道摩擦力的方向与相对运动方向相反，作用在两个物体的接触面上。学生在观看微课和在完成导学案的过程中，如果遇到问题，要及时记录下来，在课堂上询问教师或与同学讨论交流，解决问题。

(2)课中：学生发现问题、自主探究和教师组织教学、答疑解惑。

第一，教师准备好学生实验所需的器材，以小组为单位，按照导学案的要求进行自主探究。一开始要根据学生日常生活的经验，请学生猜想一下哪些因素会影响滑动摩擦力的大小，引导学生用控制变量法，再针对情况引导学生分析木块要做怎样的运动，为什么要做匀速直线运动，怎样才可以做好匀速直线运动，怎样判断做了匀速直线运动，并请学生根据自己选择的影响因素设计实验及实验数据表格，进行分组实验探究，在学生自主探究之前应该将必要的实验注意事项进行讲解。在小组完成实验数据表格的设计后，教师应组织小组代表发言，各小组之间交流，并引导学生完成最佳的设计。当所有小组完成实验后，请各小组分析实验数据，总结实验结论并汇报。最后，教师进行课堂小结。

第二，学生以小组为单位，按照导学案的任务要求，完成探究影响滑动摩擦力大小的因素的实验。在这个过程中要充分体现学生的个性化，小组内的每个学生都要表达自己的想法和设计实验数据表格，之后在小组内交流讨论，充分发挥合作学习的优势。学生要通过自己的思考，认识到控制变量法和木块做匀速直线运动的必要性。在实验结束后，学生需要将实验数据转化成实验结论。在遇到问题时，可以参照导学案进行思考或与学生进行交流讨论，最后才寻求教师的帮助。

第三，在实验过程中，要使木块做匀速直线运动是比较困难的，学生很难保证速度不变。于是，教师借助了一个微课，展示如何更好地保证木块做匀速直线运动以及改进后的实验操作。只有把实验更好地完成，实验数据才精确，实验的结果和结论才正确。

随着科技和互联网的发展，基于微课的翻转课堂作为一种现代化的教学模式应运而生，它打破了传统课堂的教学模式，提供了全新的个性化学习支持。基于微课的翻转课堂教学模式，结合了微课和翻转课堂的教学特点，由课前自主学习、课中合作探究两个环节组成。课前学生通过自主学习，完成知识的传授；课上开展翻转课堂，积极调动学生的学习积极性，参与到探究过程中，实现知识的内化。但在实际操作过程中，还存在不少的问题，希望在今后的时间里，不断尝试，不断探索，不断优化，提高物理教学的质量和效率。

四、物理实验教学中翻转课堂教学模式

物理是重点教学课程，是很多学生感到学习难度较大的科目。教师在教学过程中，探究合适的教学方法很有必要。就目前物理教学情况来看，部分教师的教学理念比较落后，教学方法老套，学生不能准确地理解物理知识，导致学习热情较低，没有养成良好的学习习惯。物理实验教学也是如此，不能更好地运用理论知识，长此以往，学生将失去学习物理的兴趣。本节就物理实验教学中翻转课堂教学模式展开论述，通过分析现阶段物理实验教学中存在的问题，并利用翻转课堂教学模式提高物理实验教学质量。

翻转课堂是常用的教学方法，在物理实验教学过程中，也采用了翻转课堂的方法，这种教学方法相比于传统的教学方法有很多优点。首先，它把课堂的大多数时间归还给学生，学生成为课堂的中心。翻转课堂的提出，改变了传统的授课模式，最大限度地划分课堂时间，合理配置教学资源，更好地为学生服务。这种教学模式在物理实验中的应用，不仅提高了学生的学习效率，还促进了教育事业的改革。我们针对现阶段物理实验教学现状分析如下。

（1）物理是一门对逻辑思维能力要求比较高的科目，物理实验教学还是没有从根本上摆脱传统教育理念的束缚，教学方法没有创新，学生对物理学习的兴趣也不高，导致学习效率低。在平时的教学过程中，部分教师只注重理论知识的讲解，忽视了对物理现象的分析，一味地讲解理论知识，导致学生的学习比较被动，缺乏独立性思考，导致逻辑思维能力没有从根本上得到提高。

（2）教师在实验环节缺乏对设备使用知识的讲解，以及一些误差的处理方法。例如，在探究"小车做匀变速直线运动"实验过程中，根据打点计时器的打点情况计算加速度，学生往往不能正确处理误差，导致较多学生在考试过程中花费较多时间在计算加速度上，而且没有算对。

（3）物理实验教学模式缺乏创新。部分教师虽然采用了翻转课堂的教学方法，但是没有较好的成效。究其原因：①部分教师没有正确理解翻转课堂的意义，虽然重视学生的合作探究过程，但是没有合理分配课堂时间，导致学生的实验时间少，在讨论过程中，也没有充分的理论依据，结果偏移了正确的实验结论；②学生没有养成自主探究的好习惯，教师没有合理制定小组任务，导致部分学生偷懒，利用他人的实验成果，长此以往，物理成绩持续下滑；③小组间目标不明确，在交流实验成果时，分歧比较大，没有养成良好的预习习惯，而是直接实验，导致实验结果具有很大的不可靠性。

首先，教师要确定研究主题。以"加速度与力、质量的关系"为例，在本实验探究过程中，教师要为学生准备充足的实验设备，做好实验之前的准备工作，如小车、木板、垫板、打点计时器等。在实验前要给学生讲解基本操作，如打点计时器的使用方法、计时间隔等。结合所学知识探究问题，总结实验结论。教师要给学生充足的实验、讨论时间，在实验未结束之前，不能公布实验结果，鼓励学生自主探究，得出正确的实验结论。同时，教学方向不能仅仅局限于探究加速度与力、质量的关系，还可以根据打点计时器的打点好好地探究匀变速直线运动的规律。教师在教学过程中，应该将实验分为三个阶段，第一个阶段是学生的探索阶段，教师通过布置合理的教学任务，引导学生探究实验，这是实验的准备阶段。第二个阶段是学生进行实验，整理数据，并分析各个数据的关系，这是实验的实施阶段。第二个阶段是教师总结实验情况，解决重难点问题，这是实验的整理阶段。

其次，教师要完善翻转课堂的教学计划。实验准备阶段要设置合理的问题。例如，小车在做匀加速直线运动过程中有哪些量是变化的？增加砝码，小车的加速度会不会变化？猜想影响小车加速度变化的原因是什么？跟小车自身的重量是否有关？加速度的计算方法？近似数的取值？在探究小车加速度、质量与力的关系的实验中，木板垫高还是放低比较好？为什么？然后教师将学生分为七个小组布置不同的实验任务。第一个小组控制小车的质量不变，依次增加砝码，探究小车的加速度变化情况，并做好实验记录。第二个小组在第一个小组的实验基础上，绘制加速度、力、质量的图像。探究图像不过原点的原因，并掌握正确平衡摩擦力的方法。第三个小组根据实验绘制一图像，探究图像性质。第四个小组将木板换成气垫导轨，并利用光电门测量数据，准确计算小车的加速度，以及达到光电门两个门的速度，绘制 a-F、a-m 图像，探究图像性质。第五个小组探究摩擦力对实验的影响，可以采用两种方法，第一种方法是忽略摩擦力计算小车的加速度，第二种方法是利用三角函数准确计算小车在摩擦力影响下的加速度值，并将两个值进行对比，做好实验记录。第六个小组与第四个小组实验条件相同，重复实验后绘制 a-F 图和 a-1/m 图，探究图像性质。最后一个小组将木板放平，并在木板两端设置滑轮，两个小车用线连接，剪断中间的线，用相机记录两个小车的运动情况，探究加速度与力、质量的关系。最后教师总结实验成果，以及计算过程中各种数据的处理方法，减小实验误差。

最后，学生交流自己在实验过程中遇到的问题，以及克服这些问题的方法，求助教师或者同学，解决这些问题。教师还可以在课堂上给学生安排课堂训练，通过训练题的形式帮助学生更好地巩固实验内容，更好地利用实验结果解决实验中的问题，帮助学生总结归纳更多的物理知识，提高其学习能力。此外，学生还要进行拓展训练，提高自己的物理逻辑思维能力，在遇到同种类型的题目时，能够快速突破。

在物理实验教学中，教学模式的创新是当前物理实验教学中存在的主要问题，通过解决这些问题，加强翻转课堂教学模式的应用。教师准确理解翻转课堂教学模式的概念，恢复学生学习的主体地位，在教学过程中，尊重学生，给他们充分表现自我的机会，将课堂最大限度地归还给学生，使课堂成为学生合作探究、教师解决疑难问题的场所，充分调动学生的学习积极性，提高他们的学习效率。

五、基于大数据的物理翻转课堂教学模式

在传统课堂教学中，知识的传输是由教师到学生的单向关系，这种知识单向传输关系决定了师生互动少，教师对学生的知识掌握情况了解少。学生每天上课过于程式化，没有机会表达他们的个性，教师对不同层次学生按照相同的教学目标和教学安排。因此，传统课堂无法做到尊重学生之间的学习能力和知识掌握的差异，也就无法开展个性化指导。当前，各地中学的信息化基础设施已比较完善，可以将现代化的设备和手段应用于物理课堂教学中，以促进物理的教学。然而，如何将现代信息技术深度融合到物理教学中是一大难题，需要我们积极研究和探索与时俱进的教学模式。

(一)物理实现翻转课堂载学模式的优势

在物理课程的常态化翻转课堂中，我们应采集与学生学习行为相关的大数据，利用大数据进行有针对性的教学，从而提升课堂效率，这就要求物理教师掌握现代信息技术和教育技术，不断运用新的教学手段和教学方法提升自身业务素

养和教学能力。

1. 提高教学效率

上课前，教师应当提供学习资源供学生自由选择，学习资源包括视频、文字、图片、音频等，学生利用教学资源进行自主学习。在课堂上，教师可以采用案例教学和设问教学，让学生有足够的机会与同学和教师交流互动。在课后，学生记录学生的观点和教师的观点，借助现代媒体，学生可以直接将其所思所想记录下来，以作业的形式交给教师。这种教学活动不仅增强了师生互动，而且教师可以通过综合学生意见，充分尊重学生的观点，课堂教学的主体性得以体现，课题教学形式更加生动活泼。在翻转课堂教学模式下，学生有很大的主动性和决定权，他们自主决定学习内容，自主分配学习时间，自主安排学习进度。学生学习主动权的回归，促进了学生的自主学习，提升了物理教学的效率。

2. 提升教学素养

翻转课堂教学模式下的物理教师，要重塑教学观。作为物理教师，不仅要不断学习物理基础知识，同时也要注重现代信息技术能力的培养和自身综合素养的提升。在互联网时代，搜集信息的途径多样，学生可以通过网络学习物理知识，教师也要通过网络来进行教学能力的提升。互联网学习使得学生拥有丰富的物理知识，网络的培训也促进了教师教学能力和综合业务素养的提升。教育信息化环境下的物理教师除了要掌握中学物理知识，还要具备现代信息化教学基本技能，包括微课录制、音频处理、摄影技术和剪辑技术、教学系统维护等。这就要求教师要扩大教学视野，优化专业能力，促进信息化素养的全面提升。

3. 培养学生的学习能力

教育的最终目的不是升学率，而是学生学习能力的培养和知识的掌握，最终养成严谨的学习态度和良好的学习习惯。翻转课堂采用的讨论与交流形式，培养了学生发现问题和解决问题的能力，学生通过设计方案，自主解决物理问题。翻转课堂教学模式集中了学生的探究能力、交互协作能力、观察能力和分析问题能力。学生学习的自主性和自立性，将直接决定学生能力的差异。通过实施物理翻转课堂，学生按照教师的要求，认真完成微课的观看和作业，增强了学生的时间管理能力。翻转课堂教学不仅培养了学生的自主学习能力，对学生团队协作能力的培养也有很大的帮助。

（二）物理翻转课堂的实施

翻转课堂是传统课堂教学模式改革的产物，不仅促进了课堂教学模式的创新，也提升了教师的综合业务素养。物理教师的作用在于引导学生自主学习和勇于探索，让主动探究与课堂教学高度融合。全国各地的中学，有的正尝试在物理教学中采用翻转课堂模式，有的正在摒弃这种课堂教学模式。究其原因，翻转课堂一方面要求教师要有较高的信息化水平、充分的技术保障和资金支持；另一方面，在于教师未能对学生学习过程性进行充分的干预和引导。在传统课堂教学模式下，教师忽略了学生的学习过程，对学习过程和学习效果无法掌控。现阶段，在翻转课堂教学模式下，教师要严格控制课前、课中和课后三个环节，了解学生的学习状况和学习过程，从而有针对性地进行教学设计和教学安排。

1. 课前的精准备课

课前是学生自主学习的环节，在这个环节，学生利用教师提前录制的微视频等学习资源，通过阅读教材、查阅学习资料、与同学交流等方式进行物理的自主学习。教师应当了解和掌握学生自主学习过程，学习分析系统对学习行为大数据的采集和分析为教师下一步的教学设计和教育决策提供了依据。通过大数据的分析，教师可以掌握学生物理知识和技能的掌握情况，了解每一个学生的微课观看情况，准确把握学生的作业完成情况，而不再以经验和直觉判断，这就提高了学情分析的准确性。

2. 课中实时掌握学生动态

在传统课堂教学中，教师通过作业来了解学生的学习效果，对学习过程的掌握很少。很多教师通过在教室巡视的方式来查看学生的学习进度，进而评估学生的知识掌握程度和疑问。如果教师对抽查学生的作业结果比较满意，教师就判断学生已基本掌握该知识点。由于教师的抽查范围有限，因此这种以部分来评估全体的方法，其结果不一定真实精确。而基于大数据的翻转课堂教学模式，让课堂教学可观可感，教师很容易通过教学系统采集到的大数据来了解和掌握所有学生的学习情况，以及每一个学生的学习态度和学习习惯，及时解答学生的疑问。由于教师对课堂的实时控制，因此教学行为可控。

3. 课后的教学反馈

由于翻转课堂充分利用了现代信息技术和教学系统，因此在教学过程中采集到的大量学习行为数据，如作业正确率、完成作业所用时间、易错题等，很容易被教师掌握和分析。通过利用这些教学过程中生成的数据，教师可以有针对性地进行教学设计和教学安排，有针对性地进行个体辅导。这些大数据还可以及时监测学生的学习过程，追踪学生的学习状态，通过分析得到其效果，对学习效果差的学生，教师可以有针对性地分析其原因，从而实施有针对性的学习指导和教学干预。

六、中学物理翻转课堂教学模式设计要点及方法

就中学物理翻转课堂教学模式设计要点及方法进行探讨。

(一)翻转课堂教学模式在物理教学中的应用优势

1. 加强师生之间的交流

在中学物理课堂中应用翻转课堂模式，改变了传统的教学模式。教师在教学过程中，突出学生的主体地位，师生之间的交流增多，对学生的学习情况有了更加全面的了解。当学生的学习过程出现问题时，教师能够帮助学生及时地解决问题，有利于学生学习质量的提高。

2. 激发学生学习积极性

随着现代信息技术的发展，教学资源变得丰富，教学内容不再枯燥、单调，学生学习的积极性也因此大大提高。翻转课堂模式的应用，有利于调动学生的学习积极性，使学生在学习的过程中，学习效率得到提升，学习质量得到保障。

3. 有利于学生个性化学习

在传统教学中，教师为了完成教学进度，一般讲课的速度会很快。这对于基础知识较弱的学生来讲，无法跟上教师的进度，最终导致学生的学习效果不理想。在翻转课堂的教学模式下，学生可以根据自学的学习情况，有针对性地进行学习，这种教学方式能够提高学生的学习效率，有利于学生学习效果的提升。

(二)中学物理应用翻转课堂教学模式设计要点及方法

1. 课前合理设计教学内容

在中学物理教学中，应用翻转课堂教学模式的课前设计是非常重要的。其主要以培养学生的自主学习能力为主，使学生在翻转课堂的教学模式下，学习能力能够得到提升，学习兴趣得到培养，进而提高翻转课堂的教学效率。课前设计主要包括以下几个方面：首先，利用计算机设计教学内容。在物理翻转课堂中，利用互联网设计教学内容是开展翻转课堂的重要措施。在设计教学内容时，教师结合教材及学生的学习情况，利用计算机将教学内容以多媒体的方式呈现出来，其课前设计的内容以教学重点为主，教师在设计教学内容时，应将复杂的内容简单化，这样有利于学生理解和学习。在设计教学内容时应注意，以 PPT 的形式呈现给学生，将教学中的重难点制作成小视频并反复播放，以此加深学生的记忆。由于中学物理中实验内容较多，教师可以将实验过程制作成小视频播放给学生。例如，在学习"自由落体运动"时，教师首先将教学的重难点，即自由落体的概

念、自由落体的运动过程等，制作成视频在多媒体中呈现出来，使学生对此简单地了解，通过视频学习和掌握相关的知识内容。其次，设计评价方式。教师对学生的学习成果应进行合理的评价，采用多种评价方式，激励学生学习。例如，通过教师评价、学生互评、学生自评等方式，激发学生学习的积极性，提高学生的学习质量。最后，建立知识架构。在教学过程中，帮助学生建立知识架构，有利于学生根据框架内容学习知识。学生在学习过程中，可以通过补充相关的知识内容，提升自身的学习能力。

2. 对课堂模块进行设计

在中学物理教学中应用翻转课堂模式，设计课堂模块应该在课前设计的基础上进行，将学生的学习内容进行深化，强化学生对教学内容的理解，进而培养学生的物理能力和物理思维。设计课堂模块主要包括以下几个内容：①教学情境的设计。在中学物理教学中，物理情境的设计对学生的学习来说非常重要，良好的情境设计有利于学生学习积极性的提高，学生的学习效率也会随之提高。在实际教学中，教师应该为学生营造良好的学习氛围，使学生在轻松的学习氛围中学会并掌握物理知识，使翻转课堂发挥其在物理教学中的作用；②设计合作学习。在翻转课堂中，教师引导学生以组的方式进行合作学习。合作学习有利于学生自主学习能力的培养，学生通过合作学习，能够提升自身的探究意识、合作意识；③交流设计。在课堂设计的过程中，教师应该注意对学生交流环节的设计，这样一来能够加强师生、生生之间的沟通，进而加深学生对物理知识的理解；④学习总结的设计。在教学过程中，学生通过自主学习、交流沟通、提出问题和解决问题之后，教师要对学生的学习情况进行总结，对学生的问题进行解答，以此巩固学生的基础知识，提升学生的综合能力。

3. 重视信息技术的应用

在中学物理翻转课堂模式的设计过程中，教师应该合理地应用现代技术。由于翻转课堂的开展离不开现代信息技术的支持，教师在教学过程中应重视现代信息技术的应用。为了更好地应用信息技术，教师需要提高自身对现代信息技术的应用能力，将其应用在课件的制作上，制作出高质量的教学视频。同时，学习也应该重视教学设备的完善，为翻转课堂的开展提供硬件上的支持，以此促进翻转课堂的顺利开展。

总而言之，在中学物理教学中，教师应该重视翻转课堂模式的应用，掌握翻转课堂的设计要点及方法，丰富学生的学习内容，激发学生的学习兴趣，进而提高学生的学习质量。因此，在实际教学中，教师应合理利用翻转课堂模式进行教学，以此提高学生的学习质量，促进学生全面发展。

第四节　物理学科拔尖创新人才的培养

物理学科拔尖创新人才具有对物理着迷，有丰富的想象力，有人文情怀，有合作精神，有创新意识等特质。物理竞赛是培养物理学科拔尖创新人才的重要途径。

一、物理竞赛对学生知识与能力的培养

知识是主体通过与其环境相互作用而获得的信息及其组织。它储存于个体内，即为个体知识，储存于个体外，就是人类知识。知识并不简单等同于能力，但知识是能力发展的重要基础。能力是更稳定的心理特性，对人的活动有更普遍、更一贯的调节作用。能力的发展依赖于知识的获得，它是知识、技能的广泛迁移应用而实现的。

物理竞赛需要大量的知识，而且还需要许多专业化的高深知识。根据现代知识观，知识可分为陈述性知识和程序性知识。陈述性知识是关于"是什么"的知识，是对事实、定义、规则和原理等的描述。程序性知识则是关于"怎么做"的知识，如怎样进行推理、决策或解决此类问题等。陈述性知识容易被人意识到，而且人能够明确地用词汇或者其他符号将其系统表现出来。程序性知识是与一定的问题相联系的，在一定的问题情境面前，它会被激活，而后被执行，这一过程几乎是自动进行的，不需要太多的意识。

物理竞赛对学生知识和能力的培养，包括下列途径。

1. 超前自学

参加物理竞赛学习的学生在课外需要进行大量自学。公元前 4 世纪，古希腊哲学家苏格拉底明确强调："好的、正确的教学不是传递，而是对学生自学辅导。"自学可以分为短期自学和长期自学。短期自学，即提前学习几章内容，可以使学生快速适应学科节奏，跟上老师步伐，长期自学，是指提前几个月或者几年时间的自学。比如初中就立志攻读物理竞赛的学生往往提前一两年自学初、高中课程。

自学可以使学生养成良好的学习习惯，变被动学习为主动学习，很多极其优秀的学生都说：超前自学都是抢跑，再加上学校的努力，自然就处处领先，处处优秀。主动自学、主动学习、必然走在学习前面，往往心情好、学得轻松、学习

成绩好。成绩好了，学习更主动，自学能力更强，学起来更轻松，学习兴趣更浓……

2. 竞赛培训

竞赛教练最初是"教师"的角色，需要给学生上竞赛培训课。选定一套比较系统的竞赛教程，一般需要把高等数学的一些知识直接教给学生，待到高等数学知识有了一些基础之后就开始讲物理竞赛方面的内容。学生一开始会感觉比较难，这就要求学生勤做笔记，集中精力听课，努力消化课堂知识。

有了教练的第一遍打基础后，可以聘请大学教授授课或者外出参加培训。这种培训称为"集训"，往往时间短、强度大、难度高。也是要求学生全程做好笔记。在现代认知理论看来，知识信息可以在长时记忆中得到永久储存，但由于人脑处于不断地对外来信息进行加工的状态，学习材料之间会产生干扰作用，因此，随着时间的流逝，会出现头脑中的某些知识信息难以提取的情况，也就是说会发生遗忘现象。外出参加集训有助于防止遗忘，强化学习和保持效率。这种短时间、高强度的集训，对知识深加工和多重编码，从而使获得的知识保持更为长久。

3. 读书笔记

做读书笔记，建构物理学科知识。当代建构主义知识现认为，个体的知识是由人建构起来的。事物（信息）本身并没有意义，意义是由人建构起来的，对事物的理解不仅取决于事物本身，它同时取决于我们原来的知识经验背景。不同的人由于原有经验的不同，对同一事物会有不同的理解。做读书笔记的过程中充分调动了自己的感官，与学习材料呈现的思维同步，重复作者的思考，补充和改良自己的知识。学习不是简单地将知识由外到内地转移相传递，而是学习者主动地建构知识经验的过程，即通过新经验与原有知识经验的双向的相互作用，来充实、丰富和改造自己的知识经验。学习不是由教师向学生的传递过程，而是学生建构自己的知识的过程，学习者不是被动的信息吸收者，相反，他要主动地构建信息的意义，这种建构不可能被其他人代替。

4. 分组讨论

把竞赛组同学分成若干小组。定期组织讨论。讨论时，就一个或若干问题进行探讨研究，各抒己见，如果顺利的话，最终可能统一认识，形成新的知识生长点。讨论组成员轮流做主要发言人，组织本小组同学一起来研究某一个问题，从而让每个成员在交流中获得新的认识。通过讨论激发出学生原有的相关知识经验，促进知识经验的"生长"，促成知识经验的重新组织、转换和改造。学习情境就来源于学生个体的思考，通过交流激发出同组同学的推理、分析、鉴别等高级思维活动，分享心得。

但是仅有丰富的知识是远远不够的。在培养物理拔尖创新人才的过程中，既要注意到知识与能力的有机联系，又要充分认识到知识和能力是两个完全不同的概念。知识是人类社会历史经验的总结和概括，而能力是人们完成某一活动的个性心理特征。能力分为两种：一种是基本能力，即一个人完成自己经常性活动必须具备的能力，以及完成某一活动要求人必须具备的能力。从心理学角度说，记忆力、想象力、思维力、观察力，是人们共有的心理能力，即为基本能力，这些能力的强弱体现了一个人的智力高低。另一种是特殊能力，即超过一般人所具有的能力，以及完成特殊活动要求人必须具备的特殊能力，它不是每个人都能具备的。从心理学角度说，不同的人具备的基本能力的心理机制是各不相同的，有的人在某一方面或某些方面具有特别强的心理机制，便是特殊能力。基本能力和特殊能力是有机联系的。基本能力越是发展，就越是为特殊能力的发展创造了有利条件，在实践活动中发展特殊能力的同时，也能促进基本能力的发展。

对一个物理优秀生来说，要获取大量的知识并不困难，但要提高他们的基本能力尤其是特殊能力就不那么容易了。我们说能力是知识和智力的结晶，就是指能力是由各种知识、智力和心理品质综合而成的。人的能力是较长时间内逐渐形成的，它不像知识可以突击获得，而是要靠系统训练和逐步培养才能形成。能力的增长虽然比较缓慢，但是人们一旦获得某种能力后、便具有较长的稳定性。要在高层次的物理竞赛中取得优异的成绩，就需要有一种由各方面的基本能力相互渗透而组成的特殊能力。各种能力的完美结合称为"才能"，物理竞赛的优胜者必须是一位物理方面的拔尖人才。

高中学生的智力水平（智商）基本是稳定的。物理竞赛培训并不能对学生的智力水平有多大的改变，但可以改变学生的能力。能力是做事的本领，一个人某一方面的做事本领是可以通过学习获得的。认知心理学认为，能力与知识的丰富程度及知识被有序组织的程度密切相关，可以简单地说能力就是好的知识结构。知识结构包含对解决问题非常有用的是什么、为什么和怎么办的知识，学生面临一个问题时，就是调用这些知识来解决问题的。学生在调用这些知识时，知识本身的丰富性、清晰性，知识组织的稳固性、层次性及知识运用的熟练性又影响着调用知识的速度和准确性。知识结构的好坏决定了物理问题解决的好坏，体现了一个人的能力水平。例如，平行板电容器的两个极板安上了交变电压，要求学生分析、判断一个电子以某一速度从电容器两板中间垂直电场线方向穿入时的运动情况，并求解相关问题。这常常被视为能力要求较高的问题，但如果学生的知识结构中具有"当电子穿越电容器的时间远小于交变电压的周期时电容器的电场可看成匀强电场"，上述问题即可转化为熟知的模型并迅速获得解决。

二、物理竞赛对学生非智力因素的培养

物理竞赛对学生的培养是一个非常复杂的过程。要提高竞赛学习的成效，不仅需要学生的注意力、观察力、记忆力、思维力及想象力等智力因素积极地投入，也需要兴趣、情感、意志、性格等非智力因素的积极参与。这两方面的因素对获取学习的成功来说，一般的共识是，智力因素对学习活动起直接作用，是不可或缺的，而非智力因素起间接作用。从广泛的角度看，认为非智力因素是除智力以外的一切对学习有影响的心理因素。从狭义的角度看，可把非智力因素的范围规定为影响学生学习的五种基本心理因素，即动机、兴趣、情感、意志和性格。物理竞赛对学生非智力因素的培养，一般涉及以下几个方面。

1. 激发学习物理的兴趣

个体一旦对某种活动产生了兴越，就能提高这种活动的效率，对学习活动亦是如此。因此，学习兴趣问题受到了众多教育家的重视。两千多年前，孔子就提出过"知之者不如好之者"。浓厚的兴趣会使个体产生积极的学习态度，推动他兴致勃勃地去进行学习。一个对物理竞赛产生强烈而稳定兴趣的学生，就会把物理竞赛作为自己的主攻目标，学习过程中会自觉地去克服重重困难，排除种种干扰。

物理学是一门十分美丽的学科，这是能使学生热爱物理并能为之献出毕生精力的根本原因。因此，要想方设法使学生体会到物理学的美妙。物理学的科学美首先来源于自然界具有一种质朴的统一和谐之美。尽管自然界的万物五彩缤纷、瞬息万变，然而它的存在和发展遵循一定的物理规律，这些为数不多的物理规律支配着自然界的一切，充分体现了自然界的质朴以及和谐之美。其次，科学美还来源于物理学家的崇高理想和精神境界，辛勤的劳动以及明察秋毫的想象力和创造力。为了探索自然规律造福于人类，物理学家精心设计了精巧、绝妙和高雅的实验，他们善于深入分析事物的内在矛盾，发挥独到的想象力和创造力，构筑了质朴的统一和谐的物理理论体系。

物理定律具有丰富的内涵和外延。为激发学生学习兴趣，教学时力求追根寻源。一般说来，从现象观察、问题提出、实验设计与测量、到定量公式给出、新物理量的定义、最终阐明定律的物理含义和理论地位，判定其成立条件和适用范

围，往往要经历漫长而曲折的过程。由于各种定律所面临的问题不同，就其建立而言，或来自直接测量，或基于理论分析的间接测量，或某一测量的普通推广，或假想实验基础上的猜测等。这其中一定有很多科学的研究方法和正确的推理思维方式，这些无疑是人类一笔宝贵的知识财富，也是物理教学中极为重要的教学资源。在竞赛培训的过程中需要渗透物理学的美，激发学生对物理学习的兴趣。学生有了兴趣，就会用全部精力去学习竞赛，在学习中得到快乐。

2. 培养积极的情感追求

列宁指出："没有人的感情，就从来没有，也不可能有人对真理的追求。"这句话，充分地说明了情感在人对真理追求中的作用。在学习过程中，情感虽不直接起作用，但其间接影响却十分明显。如果将学习活动中的智力因素比作是汽车的发动机，则情感是汽车的燃料。孔子认为"知之者不如好之者，好之者不如乐之者"。"乐学"就是一种最高层次的学习热情，只有让竞赛生进入到"乐学"这一层次，才能做到在学习上自强不息，勇攀高峰。学生有了对学习的热烈情感，就会增强其学习的积极性，主动地探求新的知识，大胆地进行创造性思维，顽强地克服各种困难，从而提高学习效率。

一般地说，凡是与主观需要相符合，并能使之得到满足的事物，就会产生肯定的、积极的情感。如果学生将学习活动、求知欲望作为自己的优势需要，则他们就会产生热爱学习、追求真理的情感。在学习活动中，学生必须明确学习目的，培养合理正当的需要，以利于形成自己的高尚情操，同时又必须使自己的较为低级的情绪服从较为高级的情操，从而使自己的需要受到这种高尚情操的支配和调节。

3. 培养坚强的意志品质

马克思曾有这样一段名言："在科学上没有平坦的大道，只有不畏劳苦沿着陡峭山路攀登的人，才有希望达到光辉的顶点。"这段话讲了"不畏劳苦"和"达到光辉的顶点"之间的关系。所谓"不畏劳苦"，从心理学上说，即指坚强的意志力。荀子提出："骐骥一跃，不能十步，驽马十驾，功在不舍；锲而舍之，朽木不折；锲而不舍，金石可镂。"在学习活动中，光有智力不行，有了学习的热情也不够，还必须有坚持到底的意志，才能克服大的困难使学习取得成功。一个具有坚强意志的学生，不仅能促进其情感和智力的发展，而且可以调节和控制自己的情感，主导和支配自己的认识活动，按照自己预定的目标克服困难、勤学苦练，向知识的高峰顽强地攀登。

物理竞赛学习是一项艰苦的脑力劳动，要使学习活动坚持下去并取得较好的效果，就必须有复杂而又坚强的意志参与。人是自己意志的创造者，物理竞赛生需要有意识地培养和锻炼自己的意志。当然，意志的培养不是一蹴而就的，可以从最简单的事情入手，逐步学会不畏劳苦、持之以恒、勇于攀登，才能成为一个意志坚强的人。

引导学生认清客观条件，开展动机冲突，积极进行思维探索，帮助学生确定行动的目的，选择达到目的的行动方法和方式。通过谈话，帮助学生树立确信感，建立坚定信念，形成远大理想。激励学生坚持不懈、持之以恒地参加竞赛训练，使得学生能够抵制不符合行动目的的主观因素的干扰，且善于持久地维持已经开始的符合目的的行动。在竞赛学习活动中，引导学生下定决心，明确学习目的，树立信心，相信自己，持之以恒，百折不挠。

学生要在具体的学习过程中培养自己的意志，通过攻克难关、迎战困难来锻炼自己的意志。长期坚持才能培养出在学习上克服重重困难、勇于攀登高峰的意志坚强的人。

4. 培养良好的性格特征

现代著名学者郭沫若认为，形成天才的决定因素应该是勤奋。有几分勤奋苦练，天资就能发挥几分。天资的充分发挥和个人的勤学苦练是成正比例的。一个具有优良性格特征的学生可以保证其具有正确的学习动机、稳定的学习情绪、持久的学习兴趣和顽强的学习意志，提高心智活动的水平，获得学习活动的圆满成功。性格主要是在后天生活过程中形成的。心理学研究表明人的性格一旦形成就颇为稳固，较难改变，但是随着社会生活、学习环境的变化，性格仍会发生相应的变化。国内的一项研究认为在高中一年级前后性格发展有一个骤变期。在骤变期，学生在生理和心理的发展上都会出现一些新的因素，导致学生性格的迅速发展与变化。

在竞赛培训活动中，我们一方面要看到性格的稳定性，看到它在学习中的作用，从而进一步认识到培养良好性格的重要性，以使它们在学习中发挥更大的积极作用；另一方面又要看到性格的可变性，看到它是可以通过各种途径培养的。可以抓住机会教育学生以科学家、优秀学长为榜样，塑造自己良好的性格，并改变那些不良的性格。

性格是在一个人先天因素的基础上，在后天诸多因素的共同作用下，通过主体的实践活动逐步形成的。一般认为，先天因素是性格形成的自然前提，而后天因素(主要是环境)则对性格的形成起决定作用。

总之，高中物理竞赛培养方案中主要涉及知识与能力的培养，以及非智力因素的培养。整个培养过程中需要关注以下四点：第一，智力与非智力因素对学习都有影响，两者发展存在着"动态趋同"现象。第二，只要是属于智力正常范围，无论是何种竞赛水平的学生，其非智力因素与竞赛成绩都存在着显著相关，特别是智力水平中等的学生，非智力因素的影响更大。第三，优秀的物理竞赛学生，其非智力因素的特征为：有较强学习动机、自信心强、意志坚韧、有好胜心、勤奋刻苦、学习兴趣浓厚、善于独立思维、情绪稳定等。第四，非智力因素是可以通过一系列有效的教育手段加以培养的。

第五节　高中物理研究性学习活动的组织与实施

研究性学习活动是以项目、课题、主题或问题为载体，通过一系列的活动来展开研究性学习。这些问题、项目、专题或主题是同学们所感兴趣的，来源于同学们的学习与生活，是跨学科的、超越书本知识和教材体系的。研究性学习是一种以"研究"为中心的学习方式，就是以类似科学研究的过程、方法和形式进行的学习。"研究"包括调查、观察、考察、访问、测量、分析、综合、归纳、实验等活动，通过这些活动，让学生掌握分析、综合、比较等思维方法，发展学习能力、思维能力、实验能力和创新能力，以及运用科学语言与他人交流和沟通的能力。

一、高中物理研究性学习活动的意义

《普通高中物理课程标准》指出，研究性学习是高中物理日常学习的重要组成部分，研究性学习可以客观、全面地反映学生的核心素养发展水平。如果我们在此类活动中设置适当的物理情境与物理任务，让学生在课堂内、外开展科学探究，通过独立或小组合作方式，设计问题探究的实验方案，开展课题研究，这样的活动必能激发学生的学科热情和增强主动探索科学问题的意识，也让学生在课题研究过程中形成"科学探究"的关键能力。

中学物理研究性学习课题研究的开展，有利于全面培养学生综合运用所学物理知识的能力、收集和处理信息的能力、分析和解决问题的能力、语言文字表达能力以及团队协作能力。课题研究着眼于核心素养中的"科学探究能力"的培养，而不只局限于某项知识的学习，也就将传统的面向结论的学习转变为面向过程的学习，从而更加有利于调动学生学习的主动性，增强学生的参与意识，提高创新能力。

二、高中物理研究性学习活动的组织与实施

由于研究性学习活动的综合性强，开放性大，活动周期长，时间分散等特点，所以从研究内容、组织实施等方面做出一些说明。

1. 研究内容

依据研究内容的不同，高中物理研究性学习的课题主要可以分为两大类，即课题研究类和项目(活动)设计类。两种类型的课题都可以依据自己的兴趣、爱好、疑惑等进行选题。这些课题可以来源物理教材，也可以来源于试题与实验，还可以来源于生活与社会实践等。

课题研究类以认识和解决某一问题为主要目的，具体包括调查研究、实验研究、文献研究等类型。以高中物理必修3课程为例，在学生学习必修3时，我们可以在静电场、电路及其应用、电磁场与电磁波初步、能源与可持续发展四个主题中寻找合适的课题。例如，在学习电容器这一节内容时，我们可以做"电容器在电子技术中的应用"的调查研究；在学习静电现象时，可以做静电防护的实验研究。

项目(活动)设计是以设计活动方案，组织活动，解决一个比较复杂的问题为主要目的的课题研究，一般包括活动设计和项目设计两种类型。活动设计主要是指与物理相关的活动组织与方案设计，例如："趣味物理春晚""物理小魔术"等。项目设计则是制作一个与物理(科技)相关的项目或产品，以高中物理必修课程为例，可以在《动量》部分设计"水火箭"项目，在《电磁感应》部分可以设计"直流发电机"项目等。

2. 组织实施

物理研究性学习的组织形式主要有三种类型：小组合作研究、个人独立研究、个人研究与全班集体讨论相结合。小组合作研究是经常采用的组织形式，小组合作研究一般由5～8人组成课题组。一个课题研究活动实施的时间一般以学期为单位。

课题研究阶段由课题准备与课题实施两部分构成。课题准备主要包括：研究性学习活动介绍、如何选题、如何制订研究计划、研究方法的介绍、研究性学习活动注意的事项等内容。课题准备建议在高一第一个学期进行，以班为单位在课堂内集中。

课题实施主要包括：选题及完善、课题实施计划、课题开题报告的撰写、调查与研究、中期反馈、课题研究、课题研究报告撰写、成果展示与交流等。此部

分内容主要是利用课外的时间进行。

课题研究实施流程如下：课题准备—课题选题—调查与研究—形成课题报告—成果展示与交流。

在课题实施的过程中，选题是确定研究的内容、研究的方向、研究的目标，是课题研究的起点和关键。选题阶段要发挥集体的智慧，根据教材中所学内容，兴趣爱好，选出好的课题，也可以根据现有课题进行改造、加工。课题实施的过程中可以聘请对应专长的成人（例如物理老师）为指导教师，课题组成员要各展所长，协作互补，既有分工，又有合作。在研究的过程中，要注意选择合适的研究方法，并把握好课题研究过程中的各个环节。在研究过程中还要注意原始资料的收集与保存，包括所查文献、实验数据、影像资料、设计初稿等。另外，在课题研究过程中，还要加强安全防范、环境保护、生态文明等意识。

三、高中物理研究性学习活动的评价策略

一个好的评价策略能够激发学生的学习热情，很好地评估学生的收获，帮助老师了解学生的学习状态，了解学生在物理研究性学习活动中学科素养提升的情况，能够帮助发现中学物理研究性学习活动中存在的主要问题，也为下一次研究性学习活动提出思考和建议。

研究性学习活动的评价要尊重学生的个性发展，激发学生的科学兴趣，提高学生发现问题、解决问题的能力，提升学生的物理学科素养。评价应遵循及时性原则，这样能保证评价的准确性，也能够发现课题实施的问题，让学生及时解决问题，修正实施方案与计划，并取得预期的目标和研究成果；评价应遵循民主性原则，既要有自我评价，也要有相互评价和专家老师评价环节。评价应以学生为主体，要让学生自己观察、感受、分析与反思。在评价的过程中，应该重过程评价而轻结果评价。

评价的方式应多样化。可以通过结题答辩会与成果展示进行综合评价；也可以根据选题活动、课题中期研究报告、开题论证会与结题辩论会、成果汇报展示与交流等活动中的不同侧面，评价学生不同方面的核心素养发展水平。学生群体较多时，可以采用问卷调查的方式，也可以采用观察法，让学生现场设计实验，观察团队合作能力，观察研究性学习的积极性；还可以采用访谈与交流、答辩与论证等方式，考查学生的表达能力、思辨能力、反应能力和物理学科素养；能够更加清楚地了解学生对实验的构想、方案的设计，从中发现学生的亮点，挖掘科学素养。不管是哪一种方式，都是围绕学生这个主体而来，都是重在课题的研究

过程，都是为了激发学生的科学兴趣。在评价方式上，也可以结合互联网平台，将课题研究的过程与成果进行展示，通过投票、点赞等方式进行评价。

评价的内容多元化。评价内容包括选题的合理性与科学性、课题报告的完整度、项目与活动设计的创新性等；也应该包括实验与活动设计的方案、自主收集信息的能力、分析解决问题能力、小组合作的能力、科学严谨的态度等方面。注重实验探究方法，注重动手能力和实验创新能力，注重团结协作精神。

参考文献

[1]郭玉英，罗莹．基于学习进阶的中学物理教学改进研究：电与磁[M]．北京：北京师范大学出版社，2020．

[2]董宏智．物理[M]．哈尔滨：黑龙江大学出版社，2020．

[3]陈青华，杨榕楠，杨继林，等．中学物理教学中的哲学思考[M]．广西教育出版社，2021．

[4]王震．中学物理教学技能理论与实践[M]．大连：大连理工大学出版社，2020．

[5]冯连奎．中学物理教学策略的优化与创新[M]．济南：山东科学技术出版社，2020．

[6]宁成．中学物理基础问题解析[M]．哈尔滨：哈尔滨工业大学出版社，2020．

[7]马亚鹏．中学物理教育教学问题研究[M]．陕西师范大学出版总社有限公司，2020．

[8]刘崎．生活物理 体验穷理[M]．长春：东北师范大学出版社，2020．

[9]郭玉英．中学物理教学设计[M]．北京：高等教育出版社，2020．

[10]朱鋐雄．大学物理学科教学知识的108个"大问题"[M]．北京：清华大学出版社，2020．

[11]黄洪才．基于核心素养的中学物理课堂教学[M]．长沙：湖南师范大学出版社，2021．

[12]钟及龙．核心素养培养与中学物理教学[M]．重庆：重庆大学出版社，2018．

[13]许静．中学物理课堂环境教学论[M]．天津：天津人民出版社，2019．

[14]于文高，陈浩．中学物理教学设计与案例分析[M]．苏州：苏州大学出版社，2018．

[15]罗莹，谢晓雨，韩思思，等．中学物理教学新模式：基于项目的教学[J]．课程教材教法，2021.41(6)：103－109．

[16]马振云．微课在中学物理教学中的应用[J]．中外交流，2021.28（6）：1588.

[17]王佳丽，刘艳芬．中学物理教学中的"纠错"艺术[J]．家长（上旬刊），2021(9)：127－128.

[18]杨绪交．探析中学物理教学中的兴趣教学法[J]．南北桥，2021(4)：130.

[19]张智超，张丽娜，梁学军．"互联网＋"中学物理教学研究进展[J]．中学物理（高中版），2021.39(11)：7－10.

[20]吕洪洋．学案导学在中学物理教学中的实践探索[J]．新课程，2021(4)：216.

[21]鞠萍．体验式教学在中学物理教学中的应用研究[J]．考试周刊，2021(72)：127－129.

[22]白金，孙春艳．生活类实验在中学物理教学中的应用[J]．通化师范学院学报，2021.42(8)：56－62.

[23]赵京波．浅谈虚拟实验在中学物理教学中的应用[J]．教育实践与研究，2021(20)：98－100.

[24]张壮．TPACK 在中学物理教学中的应用[J]．速读（上旬），2020(4)：109.